ÉTUDES

ADMINISTRATIVES & BUREAUCRATIQUES

DES MAISONS

DE COMMERCE, D'INDUSTRIE & DE BANQUE

Valenciennes. — Imprimerie G. Giard et Seulin, rue de Hesques, 1

ÉTUDES

ADMINISTRATIVES & BUREAUCRATIQUES

DES MAISONS

DE COMMERCE, D'INDUSTRIE ET DE BANQUE

PAR

Edouard MICHAUX

Auteur du Traité sur les Vérifications de Comptabilité.

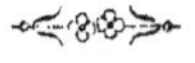

PARIS
Librairie GUILLAUMIN et Cie
Éditeurs du Journal des Économistes, etc.
14, rue Richelieu, 14

BRUXELLES
Librairie A.-N. LEBÈGUE et Ce
Office de Publicité
46, rue de la Madeleine, 46

1884

TABLE DES MATIÈRES

DES EMPLOYÉS

J'entends ne parler ici que des agents occupés dans les bureaux de comptabilité, mais à un titre quelconque, c'est-à-dire depuis le premier jusqu'au dernier dans l'ordre hiérarchique, ou, si l'on veut, depuis le simple *écriturier* jusqu'au comptable.

A tort et à raison, on n'a, en général, qu'une mince opinion de l'employé. Cela tient à des causes diverses qu'il importe, pour l'honneur et la dignité de la profession, de combattre et de faire disparaître. Cette brochure n'eût-elle que le mérite de contribuer à ce résultat, que déjà je me sentirais suffisamment récompensé de mes faibles efforts.

Pour qu'un employé soit absolument digne du nom qu'il porte, il faut qu'il soit instruit, courageux, habile, discret ; qu'il possède l'amour de l'ordre et de la régularité ; qu'il soit poli et, par dessus tout, honnête.

INSTRUIT. — Une bonne instruction est la première des conditions à exiger de ceux qui se vouent à la carrière des bureaux.

Tout chef de maison devrait avoir pour règle de n'admettre en qualité de commis que les personnes qui ont fait avec succès les cours de l'enseignement primaire supérieur au moins ; car c'est là, on peut le dire, le minimum des connaissances premières indispensables pour pouvoir aborder avec fruit l'étude de la comptabilité. Il n'est guère possible, en effet, d'arriver à comprendre les multiples et difficiles rouages d'une science aussi complexe que la science comptable, si l'on n'a pas, au préalable, acquis un certain degré de développement intellectuel, une maturité suffisante de réflexion et de jugement.

La regrettable habitude de ne pas exiger ce minimum de savoir s'excuserait encore à demi, si les jeunes gens, une fois admis dans les bureaux, travaillaient au perfectionnement de leur piètre bagage scientifique. Mais combien en ont le courage ? Hélas ! L'on place son orgueil à se draper du manteau ridicule de la suffisance ; l'on se donne la stupide satisfaction de croire qu'on a tout gagné, qu'on n'a plus rien à apprendre, qu'on est devenu tout d'un coup un Jacques Laffitte, un Robert Peel ou un Jules Malou parce qu'on a été agréé à un pupître en qualité de gratte-papier !

Je le demande en toute sincérité, n'est-il pas déplorable qu'à une époque où l'instruction est si répandue dans le peuple, on en soit encore à admettre aux emplois, des individus dont la préparation est notoirement insuffisante ? N'est-ce pas là une pratique d'un âge qui n'est plus le nôtre ?

Que l'on s'étonne, après cela, de trouver dans la grande famille des employés, si peu d'hommes aptes à remplir d'une façon irréprochable les fonctions de comptable !

Courageux. — L'employé doit être passionné pour sa besogne ; il faut qu'il ait à cœur de l'accomplir de façon qu'on ne puisse jamais rien trouver à y redire.

Dans tout ce qu'il fait, il est nécessaire qu'il s'efforce d'atteindre sans cesse la perfection. Et le plus sûr moyen de parvenir à ce résultat, c'est de se vouer sincèrement au culte de l'étude, de l'étude professionnelle.

Il ne faut pas qu'on l'ignore, c'est surtout au sortir de l'école que sonne pour le jeune homme admis dans un bureau l'heure de l'étude et du sacrifice de ses loisirs. Plus que jamais il doit se livrer à cette gymnastique intellectuelle qui développe les facultés et fait de bons sujets.

Et pourtant, encore une fois, combien se résignent aux travaux de l'étude ? Ah ! parlez-moi des faits divers et du feuilleton des journaux, parlez-moi des romans ! A cela, on s'y adonne avec plaisir, avec passion même. Mais quant aux livres scientifiques, quant aux livres faits pour instruire sur notre profession, on les dédaigne, on n'en veut pas : ils sont trop arides. Pauvres jeunes gens ! Singuliers comptables de l'avenir qui vont chercher dans *Pot-Bouille, Nana* et *Papa-la-Gratte,* les idées saines d'économie, de législation commerciale et d'administration dont ils ont si grand besoin pour arriver un jour à devenir quelque chose !

Certains petits esprits se complaisent à ne voir dans l'étude et l'application incessantes, que l'absence ou la médiocrité de l'intelligence. Je n'userai pas mon encre pour démontrer tout ce qu'a de ridicule un pareil jugement. Qu'il me suffise de rappeler que Démosthène, le plus illustre pourtant des orateurs athéniens, eut à subir ce même jugement de la part de ses contemporains. J'ajouterai encore qu'un grand savant, dont le nom m'échappe, bien qu'arrivé presque au terme de sa carrière ne craignait pas de tenir ce langage : « Plus j'étudie et plus j'observe, plus je constate que je ne sais rien. » Dès lors, quelle peut bien être la somme de connaissances de ceux-là chez qui la paresse d'esprit est érigée en principe ?

Que l'employé le sache bien : il ne doit pas compter sur autrui pour parvenir : les recommandations que procurent la fortune, les pouvoirs, la naissance, sont le lot du très petit nombre. Et puis, faut-il désespérer de voir le règne du favoritisme prendre bientôt fin? Lorsque cela sera, il ne restera absolument plus à l'employé pour se créer une position, que son intelligence et son talent; mais pour former son intelligence et acquérir du talent, il lui faut de l'étude, du travail et de la persévérance, trois choses qui caractérisent le courage.

HABILE. — C'est l'instruction professionnelle fécondée par la pratique qui enfante l'habileté ; en d'autres termes, l'habileté est le fruit de l'instruction unie au travail.

La promptitude et la diligence caractérisent l'habileté.

Un auteur anglais très estimé, Gilbart, a écrit : « La promptitude de la main prouve la lucidité du cerveau. Je ne dis pas qu'elle atteste un bon jugement, mais elle n'atteste pas non plus que le sujet en manque, et chez un commis elle est toujours un grand titre à la considération. »

La diligence, elle, consiste à choisir les voies les plus courtes pour arriver au résultat que l'on veut atteindre.

Il est prouvé et reconnu qu'un employé réellement habile fera en l'espace d'une heure ce qu'un commis ordinaire restera deux heures et plus à accomplir, s'il s'agit d'un travail tant soit peu sérieux ; sans compter

que le premier pourra souvent attaquer de front toutes
les besognes, s'il a un certain nombre d'années de pratique, tandis que l'autre, borné par nature et routinier
de fait, sera très circonscrit dans les travaux qu'il pourra
entreprendre.

On conçoit l'immense avantage qu'il y a pour une
administration à toujours rechercher des agents habiles
pour s'occuper de ses affaires.

DISCRET. — Il n'existe peut-être pas une seule profession qui exige une plus grande discrétion que celle
de l'employé de bureau. Le moindre manque de réserve
dans ses paroles, lorsqu'il s'agit des affaires de son
patron, peut faire un tort considérable aux intérêts de
celui-ci ; il peut même, dans certains cas, provoquer
sa chûte.

C'est sans nul doute frappé de cette conséquence
résultant de la violation du secret professionnel que
M. Fr. Merten, professeur à l'école normale des sciences
annexée à l'Université de Gand, publia, l'année dernière,
un opuscule intitulé : *La Comptabilité secrète du
négociant, manufacturier, banquier, etc.* (1), et qui
fut critiqué par le *Moniteur des intérêts matériels,*
dans l'un de ses numéros du mois de février 1883, dans
les termes suivants :

« Voici une très curieuse brochure, très intéressante
et très utile pour qui veut admettre le point de départ
accepté par l'auteur, savoir que le chef d'industrie
veuille cacher à son comptable et la composition du
capital engagé dans ses affaires, et la quotité des pertes
ou bénéfices réels. Cela admis, M. Merten établit un

---

(1) Gand. — Librairie générale de Ad. Hoste.

mode de comptabilité occulte à joindre à la comptabilité journalière. Mais quant à nous, nous ne pouvons adhérer au point de départ. Dans le choix d'un comptable, la question de confiance est primordiale et nous ne comprenons pas bien, ni un chef d'industrie devant se défier de son comptable (à ce point-là, toujours), ni un comptable travaillant intelligemment et efficacement pour qui se défie de lui. »

Dernièrement, un ministre Belge, à qui on voulait arracher un secret professionnel, répondit : « La sobriété, la discrétion sont pour moi aujourd'hui des obligations de position. »

Voilà le langage qui doit être celui de tous les hommes de notre profession. Ceux qui trahissent le secret professionnel ne méritent aucune confiance et sont indignes de leur place : ce sont des vilains !

ORDRE ET RÉGULARITÉ. — L'ordre et la régularité sont deux grandes qualités indispensables à tout employé. Car il ne suffit pas d'être intelligent et capable pour être un bon sujet, il faut encore savoir mettre à profit son intelligence et sa capacité.

Donc, de l'ordre dans la besogne, de l'ordre dans les papiers, de l'ordre partout ; de plus, une grande exactitude au travail et une ponctualité rigoureuse dans l'exécution du travail.

POLI. — Dans les rapports qu'ils ont entre eux, les employés doivent sans cesse mettre en relief les qualités qui distinguent les gens bien élevés, ou tout au moins les gens du monde. Si, par conséquent, pour une raison ou pour l'autre, il en est qui ne se sentent pas la force de pratiquer la politesse, qui gît dans le fond, qu'ils sachent au moins pratiquer le savoir-vivre, qui gît dans la forme.

Les employés doivent nécessairement former une classe de gens bien élevés, de gens qui se respectent ; ils doivent être bons et complaisants les uns pour les autres, ils doivent s'aider mutuellement. Dans une entente harmonieuse, chacun coopère pour sa part au bonheur commun.

Il faut toujours repousser bien loin tout ce que la malveillance pourrait insinuer contre les camarades ; on ne doit pas souffrir qu'on médise d'eux en sa présence et l'on flétrira comme il le mérite tout calomniateur.

Quoi de plus enviable pour une administration qu'une belle et ferme concorde entre son personnel !

Ah ! je sais que ce résultat n'est pas toujours facile à obtenir, surtout dans les administrations — et elles sont malheureusement nombreuses — où le favoritisme est en honneur. Car on n'arrive pas aisément à unifier un personnel dans un même sentiment d'union et de concorde, lorsque, dans ce personnel, on remarque, d'une part, des consciences indignées, d'autre part, de sourds conspirateurs cherchant à tout bout de champ et par tous moyens à se débarrasser d'un voisinage dont la force les gêne ; sans compter que les différences de caractère ne sont point faites pour amoindrir la difficulté.

HONNÈTE. — L'honnêteté est la plus belle des vertus de l'employé. Quand il est honnête, et par dessus tout instruit, l'homme peut se présenter partout. J'entends ici honnêteté dans le sens de probité.

Pour conserver intacte en lui cette vertu, non-seulement l'employé se gardera bien de jamais rien détourner directement au préjudice de ses patrons, mais il n'acceptera pas davantage quoi que ce soit en guise de pot-de-vin de la part des personnes avec lesquelles la maison est en relations d'affaires. Dans un cas aussi bien que dans l'autre, ce serait tromper la confiance de ses chefs. Il est évident que si un fournisseur, un client ou un représentant fait des dons, soit en argent, soit en objets, à un employé de la maison avec laquelle il traite, ce n'est pas dans un but de désintéressement : il n'est pas d'usage de se montrer généreux en affaires, eût-on un cœur d'or. Si l'on se livre à certaines largesses, c'est avec l'espoir, c'est avec l'assurance qu'on en sera amplement dédommagé. Et qui paie les pots-de-vin ? — L'établissement, cela va sans dire, et il les paie au double, au triple, au quintuple.

Aussi, dès qu'un chef de maison est instruit de l'existence de semblable abus de position, s'empresse-t-il de congédier le coupable. Et bienheureux doit-être celui-ci lorsqu'on le tient quitte avec un simple congé.

Pour ces sortes d'abus, les preuves matérielles ne se recueillent pas facilement ; mais il n'en est pas de même des preuves morales qui ont une tendance, elles, à s'étaler au grand jour ; et un directeur perspicace les saisit vite et prend alors les mesures que commande la situation.

Le bon public s'étonne parfois que certains employés, sans autre ressource que leurs appointements, souvent peu élevés, parviennent à édifier, en quelques années, d'enviables fortunes. Si jamais ce public pouvait lire dans le Grand-Livre de la conscience, presque toujours il y trouverait au débit du compte de ces nouveaux crésus, la source peu flatteuse de leur fortune.

GUERRE A LA MEDIOCRITÉ !
GUERRE A LA ROUTINE !
GUERRE AU FAVORITISME !

J'aborde un sujet qui mérite d'attirer l'attention et qui commence, d'ailleurs, à occuper activement nombre d'esprits judicieux et compétents, soucieux de la fortune publique et de l'avenir de leur pays. Les gros périls qui menacent notre commerce et notre industrie dans leur situation actuelle n'auront peut-être pas peu contribué à jeter un jour sur la question.

Quoiqu'il en soit, il ne doit plus être mystère pour personne que si l'on veut continuer à vivre, commercialement parlant, c'est à la condition d'élever le niveau du savoir de ceux qui sont chargés de préparer et d'écrire l'histoire du commerce et de l'industrie ; de faire table rase de toutes les roueries usées, de tous les usages vieillis — pratiquement et administrativement — pour suivre la route du progrès, et d'abandonner une bonne fois enfin le cynique favoritisme qui élève trop souvent aux postes difficiles et de confiance, des incapables et des indignes, tant au mépris des traditions hiérarchiques qu'au mépris du droit acquis par le mérite.

Certes, je sais qu'on n'a pas facilement raison des erreurs et des préjugés enracinés profondément dans l'esprit d'une classe nombreuse, de tout un monde peut-être ; je mesure à l'avance l'étendue de la résistance, et je ne la trouve pas de nature à émouvoir ni à faire reculer, surtout quand on a pour soi le droit et la saine raison. Donc

GUERRE A LA MÉDIOCRITÉ ! — Quelle besogne, grand Dieu ! quelle besogne à accomplir, si l'on prenait le parti de faire tout d'un coup l'épuration complète des bureaux ! Quelle innombrable armée de nullités grouillerait sur le pavé !

Mais je sollicite bien vite en leur faveur le respect des positions acquises, à moins que les patrons, s'éclairant enfin, ne reconnaissent les dangers de leur maintien en place. Dans ce cas, on aurait grand tort de ne pas brusquer la mesure.

En général donc, je ne recommande pas les moyens violents ; j'aime l'ordre et la méthode dans l'exécution. L'épuration doit être une œuvre quelque peu lente, marchant par degrés, à pas mesurés, mais sûrs.

Quoi de plus facile !

Il suffit lorsqu'une place d'une certaine importance devient vacante quelque part, de s'imposer le sacrifice, bien léger on en conviendra, d'annoncer la vacation par avis public, si, bien entendu, l'on n'a pas sous la main, dans l'administration, quelqu'un à même de remplir l'emploi convenablement. Par ce moyen, les demandes ne manquent jamais de se produire en foule et il est aisé alors de faire un bon choix.

Si l'on mettait ce système en pratique, si on le généralisait, et qu'on ne se laissât plus influencer par les importunités des protecteurs, on arriverait à avoir des bureaux composés d'auxiliaires précieux qui feraient la réputation et la fortune des patrons. Car ce sont les personnels qui décident de la richesse ou de la ruine des maisons.

Chose digne de remarque et qui frappe tout observa-

teur attentif ! c'est que l'on voit presque toujours la
bureaucratie ignorante, présomptueuse, rampante et
envieuse, s'allier ensemble, se soutenir, faire cause
commune. Et jamais l'on ne distinguera sur le front de
ces gens-là, cette auréole de la dignité, de l'honneur, du
devoir accompli qui brille sur le front du véritable
travailleur.

GUERRE A LA ROUTINE ! — La routine est une sœur
amie de l'ignorance ; l'une et l'autre se donnent la main
et marchent de pair.

Autant il serait ruineux pour un industriel de ne pas
remplacer son outillage lorsqu'il est reconnu défectueux, autant il le serait s'il se refusait à apporter dans
ses écritures les modifications reconnues nécessaires en
vue de l'amélioration et de la clarté de celles-là, ou
toute modification de nature à faciliter le fonctionnement du mouvement administratif. S'obstiner dans ces
refus, ce serait vouloir les ténèbres là où il faut la
lumière, ce serait ne pas admettre le raisonnement de
ses actes, ce serait craindre la justification de sa propre
conduite ; ce serait, de plus, vouloir se faire écraser par
la loi fatale de la concurrence. On avouera que ce n'est
pas pour en aboutir là que les capitalistes engagent
leurs capitaux dans les entreprises et paient largement
des hommes pour soigner leurs intérêts.

Ah ! je conçois qu'il soit pénible pour des gens qui
ont tourné pendant de très longues années dans le cercle
vicieux de la routine, d'abandonner leurs usages, leurs
mœurs, leurs habitudes, pour embrasser un état de
choses nouveau ; mais, est-ce là une raison qui puisse
justifier leur apathie et leur recul ? Est-ce là une raison
surtout pour laisser sombrer la fortune de cent action-
naires !

Guerre au favoritisme ! — Ce n'est pas la première fois que je m'élève contre le système d'admission aux emplois par la faveur. Déjà dans mon *Traité sur les Vérifications de comptabilité*, j'ai fait entendre quelques accents justement indignés contre cette pratique odieuse. éhontée, qui est une tache dans l'histoire de presque toutes les administrations.

Outre que l'usage du favoritisme a souvent pour conséquence la ruine des intéressés dans une entreprise, il détruit l'harmonie entre le personnel, décourage le travailleur et excite à la paresse.

Je dis « excite à la paresse ». Et vrai, lorsque l'employé a la certitude que la fortune ne distribue pas toujours ses faveurs au courage, à l'intelligence, au travail ; lorsque, loin de là, il a pour ainsi dire la preuve du contraire, est-il étrange qu'il se complaise dans une indolence coupable et qu'il attende, tranquille, le jour où on lui confiera les fonctions de comptable, chef de comptabilité, directeur peut-être ?

Je ne puis m'empêcher de le déclarer : en présence du règne effréné du favoritisme que nous subissons, plusieurs fois déjà, j'ai été amené à me demander si nous ne traversions pas une période où le rôle de la raison était suspendu !

On dit que la Révolution a stimulé et exalté dans les âmes le sentiment de la fierté, de la dignité, de l'indépendance, l'espoir et le besoin d'une condition meilleure. Je ne vois pas en quoi cela peut être vrai pour les gens de notre profession. Me dirait-on bien quel sentiment de fierté et de dignité il peut exister dans l'âme d'un homme en place qui sait qu'il remplit les fonctions d'un autre ? et quel sentiment d'indépendance, quel espoir d'une condition meilleure peut avoir l'honnête travailleur qui se voit sans cesse supplanté par des membres de la coterie ignorante ?

Avouons-le : il est profondément triste de voir tous les jours ce spectacle d'individus sans talent et sans mérite à la tête de splendides positions, alors que d'autres, capables et méritants, obligés, eux, de rester confinés dans les emplois inférieurs, secondaires, où leurs connaissances se trouvent emprisonnées dans un cercle tellement étroit qu'il leur est impossible de rendre les services qu'un exercice plus complet de leurs facultés leur permettrait de prodiguer, services qui, tant de fois, viendraient si à point.

Mais jusques à quand donc la bêtise et l'ignorance vont-elles encore triompher ?

FORMONS UNE LIGUE !

J'aurais tort de le dissimuler : seul à combattre la médiocrité, la routine et le favoritisme, abandonné à mes propres forces, je ne pourrais pas avoir en le succès de la campagne que j'entreprends, une foi bien robuste.

Mais je compte sur l'appui d'un grand nombre de mes confrères comptables, au talent, à la bonne volonté et au courage desquels j'adresse un énergique appel.

Je leur propose de nous organiser et de former une *Ligue pour le redressement des griefs de la corporation des comptables.*

Je considère comme autant de griefs : l'emploi dans les bureaux de toute personne insuffisamment préparée ;

l'usage de systèmes et de méthodes de comptabilité ainsi que d'organisation de travail, ne répondant pas aux conditions voulues pour placer le comptable et ses auxiliaires à l'abri de tout reproche, de toute suspicion ; enfin la pratique du favoritisme qui supplante d'excellents employés au profit de la tourbe ignorante.

On le voit, il s'agit ici d'une œuvre de relèvement de notre profession et de considération pour nous tous ; de plus, il y va du salut de notre avenir et de l'avenir de tous les patrons.

La *Ligue* s'impose, par conséquent, à plus d'un titre. Elle s'impose à tous les hommes soucieux de leur dignité et de leurs intérêts.

A l'œuvre donc, Messieurs les Comptables !

Il importe que nous fassions resplendir la vérité à tous les yeux et que nous tuions l'erreur ! Il faut que nous entraînions les patrons et l'opinion publique avec nous, que nous les convertissions aux idées de progrès dans l'application de notre art et de notre science.

Pour réussir, nous avons besoin d'être nombreux et forts, et nous le serons, j'en ai l'intime conviction. Mais si, par impossible, le nombre des adhérents à la Ligue ne répondait pas, dès l'abord, aux espérances conçues, que cela ne soit pas une cause de découragement pour aucun des affiliés. Que leur ardeur sache, dans ce cas, suppléer au nombre. S'il y a pour les promoteurs d'un mouvement des heures difficiles, il faut se rappeler que ce ne doit pas être celles où, dans le choc des opinions et dans la mêlée des résistances, on se trouve en face de l'adversaire et aux prises avec le contradicteur. Il ne faut pas perdre de vue que les causes justes finissent toujours par triompher.

Il y a, d'ailleurs, une pensée consolante et fortifiante

à la fois pour tous ceux qui se dévouent à une bonne œuvre, c'est la pensée que s'ils ne doivent pas voir eux-mêmes la réussite de l'entreprise, d'autres la verront plus tard.

Mais on ne doit pas plus désespérer du présent que de l'avenir. Ayons foi en le bon sens de tous.

En avant donc pour nos droits, pour notre dignité professionnelle et pour notre avenir !

DE LA SCIENCE COMPTABLE

On a beaucoup ergoté, comme me passe l'expression, sur la définition de cette science. Autant d'auteurs, — et Dieu sait s'ils sont nombreux ! — autant, pour ainsi dire, de définitions : il paraît de règle que chacun élabore la sienne.

Mais dans la multitude qui me sont passées sous les yeux, je déclare en avoir rencontré de singulièrement drôles !

La dernière que j'ai vue est de M. H. Lefèvre (1), un auteur sérieux et qui, en somme, a écrit de bonnes choses. M. Lefèvre s'en rapporte à la simple définition admise par Bescherelle : *La comptabilité est l'obligation de rendre des comptes.*

Quoiqu'il en soit de toutes les définitions, tout le

---

(1) Ancien secrétaire particulier de feu M. le baron James de Rothschild, auteur de l'ouvrage *La Comptabilité*. — Paris, à la Librairie illustrée.

monde paraît maintenant d'accord sur ce point : que la comptabilité est une science exacte, essentiellement positive et surtout une science d'observation. Godfroid (1) dit qu'elle est « un abrégé encyclopédique d'instruction, d'érudition et de connaissances diverses.» Et Godefroid dit vrai.

Au point de vue de la pratique, l'important pour la comptabilité, c'est que, par la façon dont elle est établie, elle permette d'arriver au résultat final des opérations par les moyens les plus simples, les plus clairs, les plus expéditifs, mais les plus sûrs, les plus exacts, les plus en rapport avec le genre de commerce ou d'industrie de la maison et avec les exigences des patrons ; elle doit surtout présenter les plus nombreux moyens de contrôle possible.

C'est de préférence sur ces points que l'attention des auteurs a besoin d'être fixée.

Il est curieux de le constater : bien que l'on ait écrit des centaines et des centaines, des milliers peut-être, de volumes sur la comptabilité, il n'en est pas un seul qui présente le degré de perfection désirée ; et l'on peut se demander si ce n'est pas le cas ici de rappeler cette phrase de Saint-Evremont : « Plus on voit de livres sur une matière, plus on peut juger que l'on n'y connaît rien. »

Je signalais ce fait, en 1875, — et depuis lors rien encore n'est venu modifier le bien-fondé de ma préten-

---

(1) *Traité de comptabilité industrielle et commerciale*, par H. Godfroid, chef de comptabilité. — Charleroi, A. Piette.

tion — à M. le Ministre de l'Intérieur Belge (1) dans une requête que M. des Essarts, dans le *Journal de Charleroi* (n° du 16 mars), analysait comme suit :

« Notre numéro du 17 décembre dernier contenait une lettre de S. M. le Roi des Belges, adressée à M. le Ministre de l'Intérieur, par laquelle le Roi instituait un prix annuel de 25,000 francs destiné à encourager les œuvres de l'intelligence. Cette lettre était suivie d'un arrêté royal, réglant les principales dispositions du concours. Le sujet pour les années 1878 à 1884 est fixé. Quant à celui pour l'année 1882, il doit être fixé en 1885.

« A ce propos, M. Ed. Michaux,........, vient d'adresser à M. le Ministre de l'Intérieur une requête tendant à ce que le prix pour 1882 soit accordé au meilleur ouvrage sur la *Comptabilité Industrielle et Commerciale.*

« Dans cette requête, M. Edouard Michaux expose les raisons qui recommandent son idée à l'attention des esprits sérieux.

« L'industrie et le commerce ont pris de nos jours un immense essor, la comptabilité, rouage nécessaire de ce mouvement, s'est élevé à la hauteur d'une science sociale. En effet, combien de Sociétés ne se sont-elles pas vues dans la triste nécessité de déposer leur bilan, faute d'une bonne comptabilité ou d'un contrôle expérimenté.

---

(1) Le Roi des Belges, faisant preuve en cela d'une sollicitude large et éclairée pour les travaux intellectuels, venait d'instituer, pour la durée de son règne, un prix annuel de 25,000 francs, destiné à encourager les œuvres de l'intelligence.

« M. Michaux constate ensuite que l'enseignement de la comptabilité est fort négligé dans les colléges, que la méthode que l'on y suit, là où l'on enseigne cette science; manque d'*étendue* et de *précision*.

« Il ajoute que des milliers d'employés comptables qui ont vécu toute leur vie au milieu des chiffres, sont loin de posséder à fond la science comptabiliaire, précisément à cause de ce premier enseignement défectueux. Il constate encore l'insuffisance générale des ouvrages didactiques élaborés sur la matière.

« M. Michaux termine en exprimant l'espoir que le Ministre de l'intérieur prendra sa requête en sérieuse considération, et que cette institution d'un concours sur la comptabilité éveillera certainement l'émulation chez les spécialistes. »

M. le Ministre, en accusant réception de ma supplique, m'informa qu'elle serait mise sous les yeux du Roi.

C'est tout l'honneur, soit dit entre parenthèse, que j'en retirai et toute la suite qui y fut donnée.

Quelques jours après, par l'organe du *Journal* précité, j'adressai un appel à mes confrères de bureau les priant de s'associer à l'œuvre que je poursuivais.

Fut-ce défaut de publicité assez large, fut-ce indifférence de la part de ceux à qui je m'adressais ? Je ne sais. Toujours est-il que mon appel subit le même sort que ma supplique au Ministre : il ne fut pas entendu.

On jugea sans doute, en Belgique, que l'entreprise était pour le moins inopportune.

Je veux démontrer qu'on eut tort.

Quelques années plus tard, en effet, on voyait en

Italie le Ministre de l'instruction publique présider un Congrès de comptables ouvert, sous les auspices du gouvernement, dans le but de rechercher le meilleur système de comptabilité publique et privée.

Peu de temps après, un même Congrès était annoncé aux États-Unis.

Puis, vint le tour de la France, qui tint, elle, un premier Congrès en 1880, et un deuxième Congrès en 1882.

Certes, je ne soutiendrai pas que ces assises furent également fécondes en résultats heureux, mais elles prouvent du moins — et c'est tout ce que je voulais démontrer — que la demande d'un concours sur la Comptabilité méritait bien quelque attention.

La question n'est pas close. La recherche d'un traité modèle sur la matière n'a pas disparu de l'ordre du jour en Belgique, pas plus qu'en France, où elle occupe encore en ce moment nombre de spécialistes.

Aussi, je promets de revenir sous peu respectueusement à la charge auprès de S. M. Léopold II, pour attirer de nouveau sa royale attention sur les motifs qui militent en faveur de l'établissement d'un concours sur la *Comptabilité*. Je solliciterai que ce concours, s'il est décidé, soit international, de façon que les Guilbault, les Léautey, les Lefèvre, les Pigier, les Cerboni et autres maîtres puissent y participer. Il doit y avoir place pour tous, sans distinction de nationalité, au banquet d'une science aussi universellement utile que l'est la science comptable.

Parmi les hommes qui se dévouent pour cette dernière et se font plus ou moins remarquer par leurs travaux, on distingue trois écoles :

1° L'école des théoriciens ;

2º L'école des praticiens ;

3º L'école mixte, ou l'école fusionnant les deux premières.

J'appartiens, quant à moi, à cette dernière.

Je reconnais, en effet, que la science théorique est chose utile et nécessaire, mais qu'elle doit absolument être complétée par la science pratique et expérimentale des faits ; car il est certain que le praticien qui n'a pas orné son intelligence des nombreuses explications et démonstrations que fournit la théorie de la science comptable, ne sera jamais qu'un routinier, qu'un employé borné ; d'un autre côté, le théoricien qui ne perfectionne pas par une pratique assez longue les rudiments qu'il possède de la science — en réalité, on peut considérer comme rudiments de la comptabilité la simple connaissance de la théorie — ne sera jamais un bon comptable.

J'arrive aux systèmes et aux méthodes de *tenue des livres*.

Un seul système est recommandable, c'est celui des *parties doubles*. Tout système s'écartant du principe qui consacre la *dualité* des opérations est un système mauvais, vicieux.

Il n'en est pas de même sous le rapport des méthodes. Celles-ci sont pour ainsi dire infinies. Un grand nombre sont irréprochables, plusieurs sont peut-être parfaites. En général, on peut dire que chaque établissement a sa méthode particulière, si l'on tient compte des modifications et des innovations que les comptables ont l'habitude d'apporter dans les écritures et les registres durant le cours de la pratique. Mais l'on ne doit pas s'arrêter aux points de détail pour déterminer les méthodes, sinon ce serait à désespérer, eût-on un génie tout ce qu'il y a de plus transcendant, d'arriver à établir une méthode type pouvant servir à tous les genres de commerce ou d'industrie.

On a fait grand bruit, dans ces derniers temps, à propos de *l'unification* de la comptabilité. Le premier Congrès des comptables de France fut convoqué dans le but principal de se prononcer sur cette question ; mais les divergences de vues et d'opinions chez ses membres obligèrent l'assemblée à se séparer sans prendre de décision autre que celle de se donner rendez-vous à un deuxième Congrès. Celui-ci ne parvint pas non plus à résoudre la question ; on peut même dire qu'il imita à peu près ces je ne sais plus quels juges d'Athènes qui, un jour, dans un procès, faute d'éclaircissements, renvoyèrent les parties en cause à cent ans plus tard !

Les uns — la majorité— prétendirent qu'on ne pouvait arriver à *unifier* que des principes ; les autres soutinrent, au contraire, qu'on pouvait parfaitement bien résoudre le problème de *l'unification*, aussi bien au point de vue méthodique qu'au point de vue des principes. Je pense que ces derniers avaient raison, et je me demande même si le problème n'est pas déjà résolu.

Si le Comité d'études du Congrès des comptables de France avait examiné à fond l'ouvrage de M. Ad. Guilbault (1), ou plutôt si cet auteur avait pris l'initiative de compléter la démonstration de la méthode qu'il expose, trop succinctement, dans son livre, méthode

---

(1) *Traité de comptabilité et d'administration industrielles*, par Ad. Guilbault, inspecteur des Forges et Chantiers de la Méditerranée. — Paris, Guillaumin et Cie.

empruntée, dit-il, aux sociétés houillères belges, je suis persuadé que le dit Comité l'eût sanctionnée sans hésitation.

Cette méthode n'est pas seulement suivie dans un grand nombre de sociétés houillères belges, mais elle est, de plus, pratiquée par des Banques, par des Hauts-Fourneaux, par des Laminoirs, par des Ateliers de construction, par des Verreries, par des Carrières, etc., et est l'œuvre de la *Société Générale pour favoriser l'Industrie nationale, en Belgique.*

Je puis, me semble-t-il, parler de cette méthode avec une certaine compétence, attendu que je l'ai pratiquée pendant trois ans et professée durant un exercice scolaire.

Non-seulement je crois qu'elle résout le problème de *l'unification*, mais j'avoue sincèrement que, de toutes les comptabilités qu'il m'a été donné de voir ou de pratiquer, je n'en ai trouvé aucune qui soit comparable à celle-là, tant sous le rapport du contrôle qu'elle présente qu'au point de vue du grand nombre de renseignements qu'elle fournit, et cela sans avoir à se livrer à aucune recherche ni à aucun dépouillement.

C'est grâce à sa belle organisation de la comptabilité que la Société Générale parvient à centraliser sans efforts, sans difficultés, d'une façon je dirai séduisante, les opérations de tous les établissements placés sous sa tutelle, si je puis m'exprimer ainsi.

Avec cette méthode de comptabilité « le Bilan répond à tout, dit Guilbault, et permet, appuyé qu'il est par des tableaux de détail, de faire des études complètes sur chaque chose. »

Le rapporteur général du Comité d'études du 2ᵐᵉ Congrès des comptables de France déclara lui-même qu'elle était « une œuvre d'une puissante conception. » Et, parlant de l'ouvrage de M. Ad. Guilbault, le judicieux critique Léautey dit, dans ses *Questions actuelles de Comptabilité* (1), qu'il « contient la syntaxe de la comptabilité moderne. » Plus récemment encore, dans un article publié par la *Revue de la Comptabilité* (n° du 15ᵉ novembre 1883), le même M. Léautey disait « que M. Ad. Guilbault est l'auteur du seul traité sérieux de comptabilité et d'administration que nous possédions à l'heure qu'il est. » Auparavant, Courcelle-Seneuil avait déjà écrit : « Le compte-rendu des opérations de la Société Générale et les tableaux qui y sont annexés contiennent un grand nombre de faits intéressants et dignes d'étude (2). »

La plume et la parole sont maintenant à la critique.

INSTRUCTION PROFESSIONNELLE

La question de l'enseignement professionnel en général, et de l'enseignement commercial et comptabiliaire en particulier, est une question vitale entre toutes et qui commence fort heureusement à préoccuper plus d'un esprit élevé, en France, où l'on comprend enfin le rôle qu'elle joue dans la prospérité des entreprises d'abord, et des nations par contre-coup.

---

(1) *Questions actuelles de Comptabilité et d'Enseignement commercial*, par Eugène Léautey, chef de bureau du Comptoir d'Escompte de Paris, p. 168. — Paris, Guillaumin et Cⁱᵉ.

(2) *Traité des Opérations de Banque*, p. 343, par J.-C. Courcelle-Seneuil. — Paris, Guillaumin et Cⁱᵉ.

A ce propos, je pense qu'il n'est pas sans intérêt de rappeler ici le cri d'alarme suivant, que jetait la *Revue de la Comptabilité*, dans je ne sais plus quel numéro de cette année :

« Il est nécessaire de développer et de vulgariser la science administrative, commerciale et industrielle, trop peu répandue en France, alors que toutes (pas précisément) les nations qui nous environnent l'enseignent depuis longtemps déjà, avec une grande sollicitude, et ont ainsi formé de véritables comptables, c'est-à-dire des administrateurs instruits et capables qui ont introduit dans l'économie industrielle et commerciale de leurs pays des améliorations telles, que ces nations sont parvenues, chacune dans quelques spécialités, à nous opposer une concurrence redoutable et presque insoutenable, pour certains articles, sur tous les marchés étrangers, qu'elles envahissent peu à peu et où elles nous supplantent graduellement. »

Et plus loin :

« Le remède est donc dans l'amélioration administrative d'abord, mais pour améliorer, pour perfectionner, *il faut savoir*, et, disons-le, reconnaissons-le sans fausse honte, *nos voisins sont plus forts que nous sous ce rapport, ils sont moins routiniers.* »

C'est ce que reconnaissait encore naguère, à l'Hôtel-de-Ville de Valenciennes, M. Rombau, professeur à l'Ecole des hautes études commerciales, à Paris, secrétaire général de la Société académique de comptabilité, etc., au cours d'une conférence sur la nécessité de la constitution d'un Conseil d'enseignement de comptabilité pour cet arrondissement.

Le temps presse donc de vulgariser la science commerciale et la science comptable, sciences qu'il ne faut pas confondre comme beaucoup le font bien à tort : la première, qui ne constitue en quelque sorte que les prémices de la seconde, comprend l'art d'acheter et de vendre, de payer et de recevoir ; la seconde comprend en outre l'art d'enregistrer d'une façon claire et méthodique toutes les opérations commerciales, ainsi que les faits industriels, après les avoir préparés.

Le temps est venu d'accorder à ces branches si importantes de l'activité humaine la place qu'elles méritent dans le programme de l'enseignement à tous les degrés, depuis l'école primaire jusque l'université. Car il n'est aucune profession au monde qui puisse absolument se passer de tenir des comptes, ou de les comprendre et de les vérifier.

Depuis quelques années, on a fait des efforts surhumains pour répandre l'instruction dans les masses. L'Allemagne, la France, la Belgique, l'Angleterre, l'Italie, la Hollande, etc., rivalisent de zèle pour perfectionner cet admirable instrument de moralité et de richesse nationale. Et il n'y a pas que les gouvernements et les communes qui font preuve, à cette fin, d'une sollicitude sage et éclairée ; les particuliers eux-mêmes apportent à la grande œuvre de l'instruction un concours aussi efficace que généreux, témoin les catholiques Belges, qui viennent de dépenser pour les écoles, en moins de cinq années, plus de *cent millions de francs !*

Et cependant, au milieu de ce magnifique épanouissement de l'instruction, qu'a-t-on fait pour l'enseignement professionnel, à part en Allemagne, et surtout pour les branches commerciales et comptabiliaires ? — Rien, ou presque rien. C'est cent fois, c'est mille fois regrettable.

Ah ! parlez d'enseigner à l'élève, par exemple, que les

masses lumineuses qui éclairent les nuits obéissent à une force à la fois répulsive et attractive qui les maintient en équilibre ; que la direction du méridien magnétique n'est qu'à de longs intervalles en coïncidence avec le méridien astronomique ; que la terre forme un puissant organisme dans lequel les différents règnes d'êtres qui en peuplent la surface constituent autant de systèmes fonctionnels, dont le concours solidaire fait de leur ensemble une unité vivante harmonique : à la bonne heure ! Mais lui inculquer de bonnes notions de tenue des livres, d'économie politique et de législation commerciale, allons donc ! ce sont là des misères bien trop mesquines que pour en meubler la mémoire des jeunes gens !

Et voilà à quel point nous en sommes encore en ce siècle de progrès par excellence !

Je sais que certains ne manqueront pas de me faire au moins une objection. Cette objection, je la préviens : « Ce que nous faisons, me dira-t-on, ce n'est pas dans le but de meubler la tête des collégiens d'une variété infinie de connaissances positives aussi vite oubliées qu'apprises, mais de développer leurs facultés, d'aiguiser leurs réflexions, d'assouplir leur esprit par la gymnastique intellectuelle. »

D'accord. Seulement, qu'on veuille bien me citer une science plus propre à atteindre ce résultat que la science comptable ? Je l'oppose à toutes les autres branches de l'enseignement secondaire réunies.

Répandez l'instruction dans le peuple, dirai-je en forme de conclusion, répandez-la le plus possible, c'est le désir de tous ; mais répandez surtout l'instruction professionnelle. Je ne me lasserai pas de le soutenir,

d'elle dépend aujourd'hui l'avenir commercial, industriel et agricole des nations.

Quoique j'en aie dit un peu plus haut, on serait cependant injuste de nier que, depuis quelques années, certains progrès se sont accomplis dans cette voie, en
France, et — il est bon de le constater à l'honneur de
ceux qui s'y sont engagés — c'est à l'initiative privée
qu'on en est redevable en plus grande partie. Mais
combien il reste à faire !

Qu'on suive donc l'exemple de l'Allemagne, de l'Allemagne qui, avec ses 250 écoles de commerce, est en
train de supplanter graduellement tous les autres peuples. En 1870, c'est en bonne partie à l'instruction de
ses soldats qu'elle a dû le brillant succès de ses armes ;
c'est à la diffusion de l'instruction professionnelle dans
tout son empire qu'elle devra, dans un avenir plus
rapproché qu'on ne le pense peut-être, sa place prépon-
dérante dans le monde commercial.

QUELQUES MOTS SUR LA CRISE ÉCONOMIQUE

Je ne pense pas sortir trop de mon sujet en touchant
quelques mots de la crise économique que nous subissons en ce moment, d'autant plus que notre science
professionnelle n'est pas exclue de la question.

Beaucoup estiment que la crise est générale. C'est
une erreur. Pour qu'une crise soit générale, il faut
qu'elle s'étende à tous les pays et qu'elle affecte en même

temps toutes les branches de production. Or, grâce à Dieu, nous n'en sommes point là arrivés. C'est ce que M. Ch. Morissaux démontre excellemment, du reste, dans un petit travail qu'il vient de publier sur la crise économique (1). Il faut pourtant admettre que la situation, en général, n'est point lumineuse et riante.

Il y a quatre pays qui jouent dans l'organisation économique du monde, les rôles principaux : ce sont la France, l'Allemagne, la Grande-Bretagne et les Etats-Unis, et il semble, *à priori*, lorsque les premières branches d'activité de ces nations se trouvent atteintes par la crise, que celle-ci est générale. Un tel jugement, on en conviendra, est susceptible d'appel.

Chose qui frappe l'attention, c'est que, de ces quatre grandes puissances, il se trouve que c'est l'Allemagne qui porte le plus allègrement le fardeau du malaise ! Des économistes attribuent cet avantage des Allemands au système protectionniste de M. de Bismarck. Je n'essaierai pas de combattre cette opinion, mais je me permettrai de faire remarquer que c'est bien plus à sa supériorité intellectuelle qu'au système protectionniste du grand chancelier, que la nation germanique doit la faveur dont elle jouit dans la situation .économique actuelle. Soutenir le contraire, ce serait nier les bienfaits de l'instruction, et de l'instruction professionnelle surtout ; ce serait ne pas reconnaître l'immense profit que retire ce peuple des 250 écoles de commerce répandues sur son territoire et dont je parlais dans le chapitre précédent.

En Amérique, au contraire, la principale cause du

---

(1) Chez Guillaumin et Cie, éditeurs, Paris.

marasme qui règne dans les affaires proviendrait du protectionnisme à outrance pratiqué dans ce pays. C'est bien le cas de dire « ce qui fait le bonheur des uns, fait le malheur des autres. » On pourrait encore invoquer contre les Américains la spéculation effrénée à laquelle ils se livrent et qui produit, à des moments donnés, des désastres sans exemple chez les autres peuples.

Mais, abandonnons les Américains et les Allemands, passons sur les Anglais, et occupons-nous un peu de la France et de la Belgique, que je confonds dans une même communauté sur le terrain économique.

Au Congrès des économistes tenu cette année à Bruxelles, M. de Laveleye assigna trois causes au malaise qui frappe ces deux derniers pays dans l'ordre dont je parle. Ce sont :

1° La concurrence redoutable de l'Amérique ;

2° La diminution des commandes, due à l'accomplissement de presque tous les grands travaux en Europe ;

3° La baisse universelle des prix résultant, à son avis, de la contraction monétaire.

Le savant économiste, contrairement à une opinion généralement acceptée, n'admettrait pas qu'il y a excès dans la production.

Cependant, les causes ci-dessus ne sont pas les seules qui existent, et, sans doute, M. de Laveleye lui-même ne l'ignore pas. Il aura simplement voulu se renfermer dans ce qu'il considère être les causes principales.

Mais je ne suis pas de taille, tant s'en faut, à me mesurer avec un talent distingué comme celui que personnifie le Rédacteur en chef du *Moniteur des Intérêts matériels*, et je n'entends pas discuter avec lui. Si je dis que la crise a d'autres causes que celles qu'il indique, c'est parce que j'ai ici à en signaler deux qui paraissent ne pas assez, malheureusement, préoccuper les économistes. Il s'agit de :

1º Le côté défectueux ou le manque d'équilibre de l'organisation économique ;

2º Le défaut d'ordre comptable.

ORGANISATION ÉCONOMIQUE DÉFECTUEUSE OU MANQUANT D'ÉQUILIBRE. — Fabriquer du fer, de l'acier, des machines, des tissus, c'est assurément quelque chose de fort bien ; mais les vendre d'une manière profitable est mieux encore. En d'autres termes : le talent du producteur ne doit pas seulement se renfermer dans l'art de fabriquer, mais aussi dans l'art de vendre.

Étant avéré que notre production excède notre consommation, il est manifeste que le remède à pareil état de chose se trouve dans la création de nouveaux débouchés pour nos produits. D'où il suit que nous devons travailler résolûment et fermement à étendre notre trafic dans le monde entier.

Je ne veux pas dire qu'on ne s'occupe pas de cette nécessité impérieuse, mais je constate qu'on pourrait dépenser pour elle une somme d'efforts bien plus considérable que celle qu'on lui sacrifie.

On ne saurait trop louer les efforts tentés en faveur du système colonial, car, voyons l'Angleterre. N'est-ce pas à son empire colonial, le plus beau du monde, qu'elle doit d'être placée à la tête du mouvement commercial ?

On ne saurait également trop encourager l'augmentation du nombre des maisons de commerce et des comptoirs sur tous les points du globe ; on ne saurait trop pousser à la création de syndicats commerciaux pour les petits établissements qui marchent à l'aide de capitaux relativement peu élevés et qui ne peuvent pas, comme la Société John Cockerill, à Seraing, réunir dans leur sein, et le service technique et le service de la vente sur le pied d'une organisation convenable. Il est nécessaire que les petits industriels puissent avoir leurs représentants au Brésil, dans la République Argentine, dans l'Inde, en Chine, en Australie sans qu'ils doivent passer sous les fourches caudines d'intermédiaires étrangers. Et pour cela, il est indispensable de multiplier les écoles de commerce afin de former un grand nombre de bons représentants.

Tout naguère, M. Aclocque disait, au Conseil Général de la Seine, dans le cours d'un admirable discours, « qu'il suffit d'une erreur économique pour enlever aux Etats, aux Républiques et aux Empires la prospérité et la richesse qui faisaient leur puissance et leur grandeur.»

Puisse cette vérité être mûrement méditée.

DÉFAUT D'ORDRE COMPTABLE. — Que de maisons ruinées, ou en train de se ruiner, ne doivent leur triste situation qu'au défaut d'ordre, et j'ajouterai au défaut d'étendue et de précision dans leur comptabilité ! On a beau dire la chose et la répéter sur tous les tons, on a beau s'ingénier à la prouver au moyen de la brutalité des faits eux-mêmes, rien n'y fait ; il y a des gens qui poussent leur incrédulité jusqu'à l'absurde ; il y a des gens qui se refusent de voir clair en plein soleil. Et cela s'explique un peu, après tout : la science comptable est tellement peu enseignée, peu connue, et souvent peu comprise par ceux-mêmes qui la pratiquent, qu'on ne doit pas, au demeurant, s'étonner outre mesure de la voir si négligée et si dédaignée.

C'est un malheur.

Eh bien ! au nom de leurs intérêts, au nom de la prospérité générale, j'adjure ici les commerçants, les agriculteurs et principalement les industriels qui sont en défaut, de se plier une bonne fois aux exigences d'une comptabilité en règle. Qu'ils me croient, ils auront lieu de se féliciter de la mise en pratique du conseil que je leur donne. Ils vont, du reste, comprendre par un exemple que je vais citer, emprunté au *prix de revient*.

Voilà un fabricant. Cet industriel, faute d'avoir des comptes convenablement dressés et régulièrement tenus, ne peut pas se renseigner sur tous les détails de sa fabrication, ne peut pas, dès lors, savoir tout juste à quel prix il lui est permis de vendre un produit pour ne rien perdre dessus, ne peut pas savoir celles de ses spécialités qui lui rapportent davantage pour pouvoir concentrer sur elles le gros de sa fabrication et remédier aux parties qui sont pour lui une cause de ruine ; eh bien, dans de telles conditions, ce fabricant peut-il savoir, je le demande à tout homme qui n'est pas absolument dépourvu d'intelligence, ce fabricant peut-il savoir, dis-je, où il va, peut-il affirmer qu'en plein chemin, qu'en pleine marche, qu'en pleine allure, qu'en pleine activité, il ne fera pas la culbute ? Tandis que je connais, moi, un établissement, que dis-je ? je connais plusieurs établissements marchant dans des conditions tout à fait défavorables et qui parviennent, malgré tout, non pas seulement à se soutenir, mais à faire une rude concurrence à des voisins mieux conditionnnés qu'eux, et cela uniquement grâce à une admirable organisation de la comptabilité. On ne fabrique pas, dans ces établissements, la moindre pièce qu'on ne sait, à une fraction de centime près, ce qu'elle coûte. Et voilà comme il devrait en être partout.

Il paraîtrait que les Chambres de commerce de France

commencent enfin à comprendre, elles, le rôle prépon-
dérant de la comptabilité dans les affaires ; elles se
proposeraient d'ouvrir sous peu, partout où la chose
sera possible, des cours pour l'enseignement de cette
branche professionnelle.

Cela indique un nouveau pas vers l'avenir.

DE L'ORGANISATION
ADMINISTRATIVE

J'arrive à la partie la plus importante de ces études.

L'organisation administrative des grands établissements a donné bien des fois, et donne encore tous les
jours naissance à des théories et à des systèmes peu
heureux.

Qu'il s'agisse d'établissements commerciaux, industriels ou de crédit, l'administration doit comprendre
trois services distincts :

1° Le service de la comptabilité générale ;

2° Le service de la comptabilité auxiliaire ;

3° Le service commercial.

Le premier de ces services nécessite la mise en
œuvre d'une grande somme de connaissances comptabiliaires ; c'est lui qui, à bon droit, tient la palme et
prime sur les autres. Il est représenté par le journal, le
grand-livre, le portefeuille, la caisse et le compte-rendu-
bilan des opérations.

Le deuxième embrasse tous les livres auxiliaires.

Enfin le troisième comprend ce qui a trait aux achats

et aux ventes. C'est dans ce bureau que se traitent toutes les affaires avec le dehors et que se fait la correspondance. On peut diviser ce service en deux branches : l'une relative aux achats, l'autre relative aux ventes. Cela dépend de l'importance des affaires de la maison.

Il s'agit maintenant de diviser le travail dans les divers services. A cette fin, il n'y a pas de meilleurs guides à consulter que l'expérience et surtout l'importance des écritures. Je n'essaierai donc pas de fixer des règles particulières à ce sujet. Ce serait presque puéril. Chaque administration a ses rouages spéciaux, ses habitudes propres dans les questions de détail, rouages et habitudes qui sont l'œuvre du comptable ou des chefs de service. Mais il est quelques principes généraux que je vais m'efforcer d'exposer et qui méritent de fixer l'attention de ceux qui sont chargés d'organiser une administration.

En premier lieu, on s'arrangera en sorte que chaque employé fasse, autant que possible, toujours la même besogne, qu'il puisse avoir une certaine initiative et qu'il ait sa petite ou sa grande responsabilité.

Évidemment, si on ne consultait que l'intérêt de l'employé, on n'hésiterait pas à s'élever contre ce principe étroit de la division du travail qui s'oppose à la variété des besognes ; car, ainsi que le fait remarquer fort justement L. Cruveilhier, « si l'on emprisonne l'esprit dans un cercle d'idées et d'habitudes étroites et mesquines, si on le dépouille de toute initiative, de toute volonté, si on le mécanise en quelque sorte, on aboutira presque toujours pour lui à un rachitisme intellectuel et moral complet. » Mais un patron ne paie pas des sujets, on est forcé de l'admettre, pour le bon plaisir de les instruire ;

ce à quoi il vise, c'est à l'exécution convenable et rapide de sa besogne. Pour lui, l'essentiel réside là.

En second lieu, on se gardera bien de faire tenir par le même employé des livres qui servent de contrôle à d'autres livres ; on aura soin aussi de charger de la vérification des factures des fournisseurs, un agent autre que celui qui reçoit la marchandise ou qui sert d'intermédiaire pour faire les achats, comme l'on ne confiera pas le contrôle de la gestion d'un employé chargé des valeurs, à une personne qu'on pourrait soupçonner d'avoir pour cet agent des faiblesses regrettables, au cas où il viendrait à faillir à ses devoirs.

« La défiance dans l'arrangement des fonctions, dit Gilbart, est de la sagesse. » De son côté, Guilbault dit que « quelle que soit la confiance qui doive être accordée à un agent, il n'est personne qui puisse conseiller de charger *sans contrôle* un employé de faire une affaire pour lui, de mouvementer les valeurs, et d'écrire les résultats dans ses livres, ne fût-ce que pour éviter de laisser germer dans la pensée, jusque-là honnête d'un employé, l'idée de la possibilité d'un profit illicite. »

Troisièmement, on s'attachera, et c'est là un point essentiel, à placer à la tête des bureaux un homme, non-seulement d'une capacité éprouvée, mais de plus un homme en possession de beaucoup de tact, un homme franc, sincère, juste et bien élevé.

Quant aux choix des employés, je crois avoir suffisamment fait valoir mes préférences sur ce sujet dans plusieurs des chapitres précédents pour être dispensé d'y revenir.

En quatrième lieu, se présente la question des appointements. A ce propos, je ne puis résister au désir de citer encore Gilbart, qui parle de la chose avec une réelle éloquence.

Après avoir constaté que les règles fixant le traitement et l'avancement sont variables partout, il dit :

« Maîtres, donnez à vos serviteurs ce qu'il est juste et équitable de leur donner, en vous souvenant que vous aussi vous avez un maître dans le Ciel. Soyez justes dans vos distributions d'avancement, et choisissez ceux qui sont les plus dignes et les plus capables de remplir l'emploi auquel ils sont destinés. Soyez justes dans la fixation du salaire, et souvenez-vous qu'ayant plus de responsabilité que les serviteurs ordinaires, ceux qui ont des emplois de confiance doivent être payés en conséquence. Soyez justes dans les promotions et ne laissez jamais supplanter le mérite par le patronage et le favoritisme. »

Et plus loin, il ajoute :

« Soyez justes dans la quantité de travail que vous exigez, ayez assez d'employés pour qu'ils puissent accomplir leur tâche sans s'excéder de fatigue ; ne les faites pas veiller trop tard, et ne leur refusez pas quelques congés utiles à leur santé et à leur récréation. »

Ce dernier sujet mérite un peu de développement : je vais le lui donner.

Après cela, je toucherai un mot des gratifications ; puis, j'aborderai la question de l'organisation de la comptabilité.

Mais, afin de ne pas donner à ce chapitre une longueur outrée, je vais traiter ces trois points sous des articles à part.

HEURES DE BUREAU

Les heures généralement adoptées pour le travail de bureau varient de six à huit par jour. Cependant il existe des maisons qui font exception à la règle en retenant les employés neuf et dix heures. Je veux prouver que c'est là une erreur économique, en même temps qu'une mesure regrettable pour l'homme de bureau.

Et d'abord, je dirai qu'il est scientifiquement et pratiquement reconnu que les journées de huit heures, par exemple, fournissent de la besogne aussi abondante et mieux faite que les journées de dix heures. Cela doit se comprendre sans aucune peine : avec un nombre raisonnable d'heures de travail, les employés sont moins fatigués et donnent à ce qu'ils font une attention plus soutenue, *parce qu'ils ne perdent plus un instant, parce que la perspective de sortir une heure ou deux plus tôt les soutient et les excite.* Et d'ailleurs, avec la division du travail telle qu'elle est appliquée pour ainsi dire partout, le commis connaît sa besogne, il sait qu'il doit l'accomplir, et il a à cœur, s'il possède un peu de dignité professionnelle, de ne jamais s'exposer à encourir le moindre reproche au sujet de l'accomplissement de sa tâche.

Quant à ceux qui, dans le but de chercher à justifier des mesures draconiennes dont ils seraient les auteurs ou les inspirateurs, s'adonneraient à des excès de retenue ou se livreraient (feraient mine de se livrer, s'entend) à des excès de travail, ils ne parviendraient assurément qu'à tromper les badauds.

Pour le cas maintenant où l'opinion que je viens

d'exposer rencontrerait peu de prosélytes, j'ai d'autres motifs à faire valoir en faveur d'une limitation raisonnable des heures de bureau. Ces motifs sont : l'amélioration de la situation morale des employés, leur santé et les jouissances de la famille et de la société.

Je l'ai démontré, l'employé est un homme qui a besoin d'étudier beaucoup ; seulement, je demande quelle force il peut encore avoir pour se livrer à cet exercice s'il est tenu à un travail de bureau de dix heures ? On a beau dire et répéter : *L'étude est un délassement*. Oui, un délassement pour l'homme occupé à un travail manuel et pour l'homme oisif ; mais pour celui qui a la tête bourrée de chiffres du matin au soir, qui a l'esprit constamment tendu, je dis, moi, que l'étude à laquelle il se livre en dehors de sa longue journée constitue un excès de travail qui creusera sa tombe à un âge auquel l'on peut espérer de longs jours encore. C'est là un fait physiologique qui se vérifie à tout instant. Qui ne sait, au surplus, qui ne sent que les forces physiques ont un terme, qu'elles ont des limites qu'on ne dépasse pas sans danger. Ah ! c'est dommage, vraiment, qu'il ne soit pas de la solidité de la machine humaine comme de sa perfection, nous pourrions, dans ce cas, affronter bien des fatigues qui nous sont forcément interdites.

Pour ceux qui, durant les heures de bureau, se donnent des loisirs et du mouvement, pour ceux qui peuvent de temps en temps rompre avec l'atmosphère viciée des chambres de travail, pour ceux dont l'attention n'a pas besoin d'être constamment soutenue, il est évident que les dangers sont moindres. Ce qu'ils ont le plus à déplorer, c'est l'obligation de la retenue, retenue qui les empêche de prendre part à certaines récréations, à certains amusements, à certains plaisirs, si nécessaires pourtant à l'homme sédentaire.

Un des ingénieurs belges les plus distingués, administrateur-gérant de la plus importante Société charbonnière de ce pays, préconise comme suit la répartition des heures de la journée : *un tiers* pour le travail, *un tiers* pour les distractions, *un tiers* pour le repos.

Enfin, il y a le travail du dimanche.

Cette coutume, bien que n'étant plus en rapport avec nos mœurs et nos habitudes sociales, est malheureusement encore suivie dans nombre d'établissements. Ecoutons ce que dit à ce propos L. Evrard, dans *La Santé du Peuple.* (1)

« Les heures de repos de chaque jour, le sommeil de chaque nuit, ne suffisent pas à l'homme. S'il exerce une profession sédentaire, il doit pouvoir disposer d'un jour par semaine pour aller respirer à son aise l'air pur de la campagne et dégourdir pleinement ses muscles.

. . . . , ...

« Avec nos mœurs actuelles « repos du dimanche » cela rappelle à l'esprit la bonne conduite, l'ordre, la paix du ménage. »

Je pourrais multiplier les citations ; mais à quoi servirait de s'acharner à démontrer une vérité dont la lumière frappe tous les yeux ? On sait que l'homme n'est pas une machine qui puisse marcher sans interruption et qu'il y a obligation pour lui à rendre quelque liberté à son intelligence, qui s'énerverait et se paralyserait s'il restait continuellement occupé de son labeur de l'esprit.

---

(1) *La Santé du peuple*, par L. Evrard. — Ouvrage couronné le 9 mai 1883 par l'*Académie Royale des Sciences, des Lettres et des Beaux-Arts de la Belgique.*—Bruxelles. A. N. Lebègue et Cie.

Et puis, en définitive, qui aurait la prétention de soutenir que la valeur et le mérite d'un employé, aussi bien que la somme de travail qu'il accomplit, se mesurent au temps de sa retenue, volontaire ou imposée, au bureau ?

Finalement, il ne faut pas s'imaginer que la besogne et les affaires marchent mieux là où le personnel administratif est esclave de la sévérité des règlements !

PARTICIPATION AUX BÉNÉFICES OU GRATIFICATIONS

La participation du travail au partage des bénéfices des entreprises est l'objectif des sociétés modernes. En attendant qu'elle se généralise à toutes les classes de travailleurs, je crois faire œuvre sage en plaidant ici sa mise en pratique au profit du personnel des bureaux. Il n'est personne, sachant raisonner sincèrement les questions économiques, qui se permette de contester les avantages moraux et matériels qu'il y a à solidariser le travail et le capital au moyen d'une participation équitable dans le partage des bénéfices. Du reste, cette question est résolue depuis des années ; plusieurs maisons ont expérimenté la chose avec succès et il ne peut plus s'agir, pour le moment, que de la généraliser. Aussi, je ne discute pas, je me borne à constater.

Mais examinons le meilleur mode de répartition.

Que la somme à distribuer au personnel-employé soit formée d'un tant pour cent sur le montant des bénéfices réalisés, ou qu'elle provienne d'une allocation fixe votée par le conseil d'administration, à mon avis la base la plus équitable de répartition est celle qui consiste en le classement des employés suivant l'importance des fonctions qu'ils remplissent, mais en tenant compte de la façon dont ils s'acquittent de leur tâche et surtout en tenant compte du mérite de chacun d'eux.

La répartition reposant sur la base du traitement est souvent injuste. Ce ne sont pas toujours ceux, en effet, qui jouissent des plus gros appointements qui rendent le plus de services à leurs patrons. On voit tous les jours des agents dont le rôle semble effacé, faire dix fois plus de bien à la maison qui les occupe que d'autres, en position cependant d'en réaliser une somme autrement supérieure. Il faut se garder de prendre au sérieux les tapageurs et les faiseurs de zèle intempestif ; il faut savoir établir la distinction entre les abeilles et les frelons. Mais pour cela, il est besoin d'être au courant de la besogne des bureaux, ou tout au moins d'en avoir une idée très juste.

ORGANISATION
DE LA COMPTABILITÉ

Je ne puis pas faire ici, en raison du cadre de mon livre, une étude de comptabilité appliquée ; semblable travail a plutôt sa place marquée dans un traité *ex-professo* sur la matière. Ma tâche est limitée à l'exposé de quelques idées générales.

Pour organiser une comptabilité, il faut un plan, des principes, un système.

Je me suis prononcé précédemment sur le système à suivre et j'ai fait connaître la méthode qui a mes préférences. Mais, comme je n'ai pas la prétention d'imposer à tout le monde, par ma seule volonté, la méthode dont j'ai préconisé l'adoption, je me contenterai de dire qu'il est nécessaire d'avoir une comptabilité bien claire et facilitant tous les contrôles possibles ; mais que, pour arriver à ce but, il est indispensable qu'il y ait unité de méthode dans toutes ses parties, que les unes et les autres s'enchaînent sans efforts, comme par enchantement, de façon que l'esprit, même le plus rétif, puisse en comprendre la marche et en suivre les mouvements.

Dans les établissements qui comprennent différentes branches d'industrie, il faut se garder d'adopter un système d'écritures trop centralisateur : la bonne division du travail, la clarté, l'exactitude et le jeu régulier de la comptabilité exigent que les écritures auxiliaires, surtout celles relatives à la fabrication ou à la production, soient tenues dans les divisions, quitte alors à les grouper, à les coordonner, à les centraliser en un mot, au bureau de la comptabilité générale. C'est ce qui se fait, du reste, dans les maisons où l'ordre et l'organisation ne sont plus à l'état embryonnaire.

Qu'on ne l'oublie pas, ce n'est que par l'organisation convenable de la comptabilité divisionnaire qu'un chef peut avoir une idée exacte des réformes utiles à accomplir dans la partie technique des entreprises. La science des comptes est seule à même de fournir des renseignements précis à cet égard. Aveugles seraient ceux qui s'obstineraient à voir différemment.

Et cette organisation est du ressort, qu'on veuille le

croire, non pas d'un agent de l'ordre technique, mais d'un agent de l'ordre administratif, agent qui voit mieux, qui saisit mieux ce qu'il faut, qui connaît mieux l'agencement des comptes et des livres : c'est de sa profession, à lui. Encore faut-il que cette mission soit confiée à un homme éclairé, non inféodé à de vieilles et détestables habitudes, à des idées rétrogrades. En passant, je trouve même bon de dire que le salut d'une maison ne dépend pas des routiniers usés qu'elle maintient à son service, routiniers qui sont, au contraire, autant de pierres d'achoppement dans la voie des réformes et des améliorations qui conduit à la prospérité, à la richesse.

J'ai dit « réformes ». Nul effort, nulle puissance ne doit résister aux réformes utiles.

« Quand des principes politiques ne sont plus en rapport avec les mœurs et les besoins d'un peuple, ils sont abjurables et le prince et le gouvernement doivent les abjurer aussitôt » ; de même, quand l'organisation et la division du travail sont reconnues vicieuses, ou qu'elles ne sont plus en rapport avec les besoins d'un établissement ou avec les conquêtes réalisées par le Progrès, la direction et l'administration doivent les abjurer sans aucune hésitation. Qu'importe la résistance venant de la part de ceux qui se cramponnent au passé, l'on n'en doit tenir aucun compte. Un chef doit d'ailleurs être un homme d'action et partant il doit posséder les deux qualités qui sont le propre des hommes nés pour l'action : la clarté dans les vues et la décision dans le caractère : il doit voir et vouloir.

« En France, on a ce malheur, dit Menier quelque part, c'est d'avoir un esprit de résistance très arrêté et très décidé contre toute réforme. Il semble qu'il y a un certain ridicule à adopter une idée neuve ».

Tout le ridicule réside dans l'obstination que l'on met à ne pas vouloir sortir de l'ornière de la routine.

Si, pour son œuvre de réformes et d'améliorations, le Directeur trouve bon de s'entourer de l'avis et des lumières d'autrui, qu'il sache choisir comme il faut ses collaborateurs : aux employés les plus intelligents, l'étude et la conception ; aux autres, l'exécution. C'est là une condition *sine qua non* du succès.

DU PERSONNEL

Le personnel administratif des grandes associations se composera, savoir :

D'un Directeur et de son Secrétaire ;

D'un Chef de comptabilité ;

D'un Comptable ;

De Teneurs de livres ;

D'un Caissier ;

D'un Chef de service commercial et de ses correspondants ;

De Chefs de bureaux divisionnaires ;

De Commis auxiliaires ;

D'un Contrôleur général.

Le nombre de teneurs de livres, de correspondants et de commis auxiliaires est en raison du mouvement des affaires.

Voilà la règle ; mais je sais qu'elle n'est pas universellement suivie. La pratique fournit d'autres combinaisons, les unes offrant le spectacle d'un luxe inutile, les autres montrant le défaut contraire.

Je n'ai pas à m'arrêter à ce que je considère comme défectueux, mais à réagir contre toutes les combinaisons plus ou moins détestables, nées du caprice d'agents souvent trop peu versés dans la connaissance et la pratique de l'art et de la science comptables.

Le mode de division ci-dessus s'applique surtout aux sociétés industrielles et commerciales, lesquelles, d'ailleurs, font la principale préoccupation de ces études. Aussi dans les banques, et dans les banques de tout premier ordre particulièrement, est-il permis de s'écarter de la division des fonctions que j'indique, sans néanmoins nuire à l'excellence de l'organisation : cela peut même être nécessaire.

Cela dit, je passe en revue les divers emplois.

DU DIRECTEUR

En toute première ligne, nous avons l'homme qui commande, qui dirige, l'homme qui imprime tout le mouvement, toute l'activité, toute la vie à la maison : cet homme, c'est le Directeur Central. Il a la haute main et exerce une surveillance technique et administrative d'ensemble.

Les fonctions de ce haut agent sont d'une importance capitale, car c'est de son énergie et son intelligence que dépend presque toujours l'avenir de la maison qu'il gouverne. On conçoit, dès lors, combien sa responsabilité est grande et combien il importe qu'il ne néglige rien pour assurer la bonne marche des affaires et établir la surveillance et le contrôle dans tous les services de l'établissement.

Le premier soin du Directeur sera de s'entourer d'un personnel capable qui puisse l'aider activement dans sa lourde tâche, d'un personnel auquel il puisse, en toute sécurité, confier les questions de détail, d'un personnel qui soit à même de lui fournir avec une scrupuleuse exactitude, avec une précision mathématique, tous les renseignements dont il peut avoir besoin pour éclairer sa religion ; d'un personnel, enfin, fait à son image, c'est-à-dire prêt et résolu de mettre en œuvre tous ses moyens d'action, fruit de son expérience et de sa supériorité intellectuelle : car, plus que tout autre, le Directeur Central doit avoir le coup d'œil juste et posséder une fertilité de moyens et une puissance de prévision, en un mot une sagacité et une intelligence qui dépassent la mesure ordinaire.

Outre qu'il sera au courant des questions industrielles les plus complexes, il aura une connaissance approfondie des affaires administratives. C'est à lui qu'incombe la mission de chercher des débouchés aux produits de l'établissement, de disputer le marché aux entreprises similaires, de se former une solide clientèle.

Voilà en quelque sorte pour la partie matérielle de sa mission.

Reste la partie morale, celle relative au gouvernement du personnel.

Certes, l'art de gouverner les hommes n'est pas un art facile, et celui qui a le bonheur d'en être maître peut se flatter d'être en possession d'un mérite exceptionnel.

Je vais essayer de tracer quelques-unes des règles propres à cet art, règles qui me sont suggérées par l'observation attentive des faits et des nécessités de la profession. Je les énoncerai sans apprêt, absolument dans l'ordre qu'elles se présenteront naturellement à mon esprit.

Et d'abord, un bon Chef fera tous ses efforts pour arriver à unir son personnel dans un même sentiment de confraternité et dans une entente réciproque : but qui n'est pas toujours facile à atteindre, j'en conviens, mais d'autant plus louable que les difficultés pour y arriver sont grandes.

Comme un roi pour son peuple, comme un père pour sa famille, le Directeur aura sans cesse en vue le bien-être et le bonheur de ses employés. Son autorité sera ferme et douce, elle revêtira un caractère paternel.

Il respectera la liberté d'opinion et de conscience de son personnel ; pour le choix de ses agents, il ne tiendra nul compte des opinions politiques, philosophiques ou religieuses des candidats : l'honnêteté et la capacité seules le guideront dans sa résolution. Un Directeur qui fait intervenir les questions d'opinions que je viens de dire dans les questions d'administration de l'établissement qu'il dirige, ne peut plus être l'homme de confiance des intéressés dans l'entreprise, intéressés qui, quatre-vingt-dix-neuf fois sur cent, sont divisés sur ce terrain, mais l'homme-lige d'un parti, l'instrument d'une secte.

Il saura classer les avantages de chacun et mesurer les dévoûments ; il repoussera les appétits désordonnés des médiocrités, toujours en quête d'avantages et de faveurs.

Il se mettra en garde contre les faux et les mesquins rapports qui pourraient lui être faits sur la conduite de tel ou tel de ses employés. D'ordinaire, il n'y a que des gens sans valeur, sans dignité et sans crédit qui se livrent à l'exercice du reportage.

Il s'efforcera d'établir dans son administration la sévère hiérarchie du commandement ; il est nécessaire que les rangs et les positions ne soient pas confondus.

S'il ne peut subjuguer son personnel par l'ascendant du génie, il recherchera, pour le séduire, les voies faciles de la popularité. Cependant, il fera voir à ceux qui tenteraient de l'approcher avec trop peu de réserve, qu'il a la conscience de son rang et qu'il n'est pas du tout décidé à laisser mettre son prestige et son autorité à l'épreuve.

Il saura, en toute occasion, aiguillonner, pousser, exciter ses agents. Il évitera la roideur et les susceptibilités qui désunissent.

Lorsqu'il prendra une décision quelconque, il ne le fera qu'à bon escient afin de ne pas s'exposer à l'obligation de la rapporter peu de temps après : la compétence et l'autorité d'un Chef perdent par l'annulation presque immédiate d'une résolution prise par lui sur un sujet d'une certaine importance. Malgré cela, ce serait une faute, grave peut-être, de poursuivre l'exécution d'un ordre qui consacrât une erreur ou une injustice. Une fois encore, c'est au Directeur à apporter, au préalable, dans ses ordres de service, une grande maturité de réflexion et de jugement.

Loin de leur interdire, il encouragera ses agents à employer à l'étude les rares moments de loisir que leur créerait l'exécution rapide de leur besogne.

Il enjoindra à ses sujets qui auraient une demande ou une réclamation à lui faire, de la formuler par écrit. Un Directeur est toujours trop affairé, son temps est trop précieux pour le dépenser à des audiences qui n'ont pas directement rapport au travail. Une requête est vite lue et bientôt apostillée d'une décision.

Si un employé commet un légère infraction aux devoirs, le Directeur le rappellera doucement à l'ordre: une exhortation au bien, fait toujours plus d'effet qu'une remontrance excessive. Mais, si cet employé était pris en flagrant délit d'abus, alors le châtiment devrait être sévère. Par contre, s'il s'est distingué dans son travail, on l'en complimentera adroitement : rien ne procure à l'humble travailleur autant de satisfaction qu'un éloge mérité sur la façon dont il a accompli son devoir.

En suivant les préceptes ci-dessus, un Chef d'administration se verra toujours respecté et honoré, glorifié même par son personnel, et lui-même se sentira heureux et fier de sa noble conduite.

DU SECRÉTAIRE

Le Secrétaire doit posséder une instruction assez variée et principalement une bonne instruction littéraire. Sa mission consiste à aider le Directeur dans ses écritures. Il est chargé, notamment, de la rédaction des procès-verbaux et d'une partie de la correspondance, à l'aide de données lui fournies par son chef. Parfois, on lui confie aussi le service du contentieux. Alors, son emploi devient plus conséquent, plus ardu, plus difficile.

C'est que pour débrouiller les affaires épineuses avec

lucidité, pour les bien juger, il s'agit d'avoir une connaissance parfaite, et non superficielle, des affaires ; il faut avoir beaucoup étudié ; il faut connaître le droit civil et commercial ainsi que la jurisprudence dans leurs rapports avec la science comptable ; il faut, au moins, savoir consulter les lois.

Or, c'est déjà un grand point de savoir bien consulter les lois. Il ne manque pas de petits docteurs d'occasion qui les interprêtent tout à rebours, qui pénètrent mal l'intention du législateur.

Je ne me propose pas, je le déclare bien vite, de faire ici, pas plus qu'ailleurs, un cours de droit ; j'ai trop conscience de ma faiblesse pour que le seul désir d'aborder un sujet de cette importance me vienne à l'esprit ; je me permettrai seulement de dire que pour comprendre sainement une loi, il faut savoir d'abord rapprocher les articles qui ont entre eux une certaine corrélation, les combiner et en déduire la lettre. Mais ce n'est pas tout : reste l'esprit de la loi. L'on sait que les termes de celle-ci prêtent souvent à l'équivoque et à la controverse. Pour bien en saisir le sens droit et l'esprit qui les a dictées, on aura recours aux bons commentaires, qui fournissent le résumé des discussions qui ont eu lieu au sein des Chambres, et l'on consultera aussi, et surtout, avec fruit, la jurisprudence des Cours et Tribunaux. Ce sont ces discussions et cette jurisprudence qui jettent la plus vive lumière sur les dispositions des lois, c'est là dedans qu'on en trouve le véritable esprit.

Avant d'entamer des procès, il importe de bien examiner ses droits et de bien calculer ses chances de réussite. Que de fois, malgré toutes les apparences de la raison pour soi, l'on s'est vu débouté de sa demande par les juges, ou condamné dans la défense ! D'ailleurs, presque toujours, les procès sont aléatoires et onéreux aussi bien pour une partie que pour l'autre. C'est là une opinion fort répandue et qui ne manque pas de vérité.

Le plus sage, c'est d'éviter, autant que possible, tout procès. Je me suis déjà prononcé dans ce sens ailleurs, et je renouvelle mon conseil. On a bien plus de succès et d'avantages lorsque, au moyen de beaucoup d'habileté, l'on parvient à sauvegarder dans une mesure raisonnable les intérêts que l'on défend par une transaction équitable, surtout lorsque les droits de l'une et de l'autre partie ne sont pas clairement établis, lorsqu'ils prêtent à équivoque. Et c'est le cas de presque toutes les affaires en litige.

DU COMPTABLE ET DU CHEF-COMPTABLE

Je n'établis pas de distinction, autre que celle relative au titre honorifique, entre ces deux agents ; il doit y avoir chez eux similitude de connaissances et d'aptitudes.

On confère généralement le titre de Chef de comptabilité aux Comptables des grandes associations qui ont à leur service un personnel nombreux. Dans ce cas, la place de Chef de comptabilité devient trop souvent une sorte de sinécure pour le titulaire, à cause de l'habitude que l'on a assez généralement de décharger ce *primus inter pares* de sa véritable besogne, sur l'employé qui le suit immédiatement dans l'ordre hiérarchique, employé qui porte, dès lors, le titre de Comptable.

On est peu d'accord sur la portée du titre de *Comp-*

4

table. Les auteurs se sont même livrés à ce sujet, à de petites querelles qui n'ont pas plus abouti à une entente, qu'on n'est parvenu à faire accepter une définition unique de la comptabilité.

M. H. Lefèvre, déjà cité, — je fais intervenir de préférence M. Lefèvre, parce qu'il est le dernier auteur sérieux, pour ainsi dire, qui ait écrit sur la matière — critique l'appréciation de ses prédécesseurs et dit que « le mot *comptable,* dans son acception propre, désigne la personne à qui est confiée tout ou partie de la fortune d'autrui, et qui, par conséquent, doit être, à tout moment, prête à en rendre compte,»

Partant de ce principe, M. Lefèvre crée autant de Comptables qu'il y a d'agents chargés de ce qu'il appelle « les états de la valeur » qui se présentent au nombre de quatre :

Espèces ;

Marchandises ;

Effets de commerce ;

Créances et dettes.

Nous aurions de la sorte dans une même maison, dans un même bureau, au moins quatre Comptables : le Comptable de la caisse, le Comptable du magasin, le Comptable du portefeuille et le Comptable des créances et dettes.

Si l'on examine la question au simple point de vue lexicographique, M. Lefèvre a raison et, avec lui, ceux-là aussi qui appellent Comptable un petit receveur d'octroi ou de barrière. Mais il est une chose dont ces écrivains ne tiennent pas assez compte, c'est des interprétations données aux mots par l'usage, des acceptions introduites dans la langue par le progrès.

Qui désigne-t-on aujourd'hui par le *Comptable* d'une

maison de commerce, d'industrie ou de banque, si ce n'est tout uniment le premier employé en titre, celui qui a la mission de diriger le travail de la comptabilité ? Et les fonctions de comptable supposent d'autres aptitudes que celle de savoir compter de l'argent et inscrire les recettes et les paiements, que celle de savoir annoter l'entrée et la sortie d'une marchandise.

Ecoutons plutôt comment Godefroid, en homme pratique, énumère le savoir de cet agent :

« Le Comptable, dit-il, doit posséder d'autres connaissances que celles des écritures et l'art d'aligner des chiffres, dans un établissement industriel. Dans le cas qui nous occupe, il doit posséder des connaissances sinon pratiques, au moins théoriques, sur toute espèce de production et de fabrication. Il doit connaître les charbons, les fontes, les fers, les machines, leur qualité, leur nature, leur prix de revient et de vente, les matières premières et leur prix, qui entrent dans la fabrication, et ceci seulement pour la partie matérielle.

« Il doit connaître toutes les écritures qui ont trait à la fabrication, les disposer, les rassembler et n'en former qu'un seul tout, d'où apparaît le résultat final sous la forme de chiffres, bénéfices ou pertes ; et tout cela n'est encore pour lui que la partie accessoire de sa besogne, car nous ne sommes pas encore sortis de l'usine, et il s'agit d'en sortir, le but de l'entreprise n'étant pas de fabriquer et de laisser dormir les produits sur le terrain. Il faut donc vendre, écouler, réaliser et présenter le résultat sous forme d'écus.

« A cette fin, il faut entrer dans le vaste champ des relations commerciales, relations qui ne sont pas des relations ordinaires comme on pourrait bien le croire.

« Ainsi, viennent en foule les expéditions de toute nature à l'intérieur, à l'étranger ; les remises ordinaires et celles de l'extérieur, les marchés, les contrats, les entreprises avec leurs conditions de paiement, la correspondance, les discussions, les contestations, les réclamations, les questions litigieuses qu'il doit savoir résoudre, la surveillance des livres, des écritures de toute espèce, des rapports, des états de position de comptes, des rentrées à temps, des sommes dues, et du paiement de celles qui sont dues ; donner des ordres dans tous les bureaux, écouter les observations, les demandes de renseignements, résoudre toute question qui se présente en fait d'écritures, de passation d'articles, etc., vérifier toutes les pièces, les remises de valeurs, clôturer ses écritures, vérifier les inventaires, former son bilan, et cela de manière que personne ne puisse y trouver à redire.

« Et voilà ce que c'est que le Comptable. »

Oui, voilà ce que c'est que le Comptable, et voilà pourquoi on a raison de dire que cet agent occupe une première place dans le fonctionnement économique.

Oh ! je le sais, il ne manque pas d'hommes remplissant les fonctions de Comptable et qui n'ont point à leur actif ce vaste répertoire de connaissances ; combien même n'ont de la capacité que les apparences, semblables à ces peintres d'une soi-disant nouvelle école qui brillent dans l'art de présenter les choses et de les faire valoir, mais où l'expert remarque l'absence des connaissances fondamentales de la peinture, de la justesse des tons, de leur harmonie, de leur beauté, de leur solidité. Ces savants de surface sont assurément les pires sujets d'une administration, ceux qui lui font le plus de mal.

On peut encore objecter qu'avec la division obligatoire du travail, le Comptable n'a pas besoin de réunir en lui la somme entière du savoir décrit par Godefroid. L'objection est spécieuse. Il importe que cet agent puisse donner son avis, en dernier ressort, sur toute

question qui se présente en matière administrative. Or,
comment un juge pourrait-il se prononcer au sujet d'une
affaire lui soumise, s'il ne connaissait pas les lois à
appliquer dans cette affaire ?

DES TENEURS DE LIVRES

En langage de bureau, on désigne sous ce nom les
employés spécialement chargés, et de la rédaction du
Journal — ce sont les premiers Teneurs de livres — et
du transport des écritures aux Grands-Livres — ceux-ci
appelés deuxièmes Teneurs de livres.

Dans la pratique, on couche d'abord toutes les
opérations sur la Minute du Journal, qu'il ne faut pas
confondre avec le Brouillard, la Main-courante ou le
Mémorial — trois termes synonymes — tel que l'enten-
dent les auteurs. La première diffère du Mémorial en
ce que les articles y sont rédigés et portés absolument
dans la forme qu'ils doivent revêtir au Journal ; tandis
que le Mémorial est tout bonnement un livre ou un
cahier sur lequel sont rassemblés tout ou partie des
éléments destinés à l'élaboration des dits articles.

C'est d'après la Minute du Journal que les opérations
sont transportées aux Grands-Livres. Après quoi, dans
le but de satisfaire à la loi, la Minute est recopiée au
net au Journal par un *écriturier* quelconque.

On confond très souvent le premier Teneur de
livres avec le Comptable, pour la raison que celui-ci
a assez fréquemment l'habitude de tenir lui-même la
Minute du Journal.

Quel que soit le mode de distribution du travail adopté, j'ai lieu de croire que ceux qui liront ces études ne se méprendront plus sur la véritable portée du mot comptable : le Comptable est le génie qui prépare les éléments de l'histoire du commerce et de l'industrie de la maison ; les Teneurs de livres sont les hommes qui écrivent cette histoire. La distinction est importante. Libre cependant au Comptable, s'il n'est pas trop surchargé, de remplir en même temps que ses fonctions, celles de premier Teneur de livres.

Bien que les agents qui font l'objet de ce chapitre n'aient pas à déployer la science du Comptable, il est bon, il est utile même que le premier d'entre eux se familiarise avec cette science, et que le second se mette au courant de la besogne du premier. De la sorte, si l'un d'eux venait à s'absenter longtemps du bureau, ou à quitter son emploi, la direction trouverait tout de suite quelqu'un à même de le remplacer sans que le service en souffre aucunement. Cette précaution a, au reste, sa raison d'être pour tous les genres d'emplois importants. Mais, pour qu'elle puisse sortir son plein et entier effet, il est indispensable que l'administration ait à son service des sujets instruits et intelligents, et non de ces médiocrités qui parviennent tout au plus à attraper la routine, pour s'y fanatiser ensuite.

DU CAISSIER

L'emploi de Caissier dans les établissements commerciaux et industriels n'exige pas, contrairement à une opinion reçue chez le vulgaire, un bien grand développement de facultés intellectuelles : c'est, de tous les emplois d'un bureau, pour ainsi dire le moins intelligent comme le plus brutal.

Cela explique l'habitude que l'on a de nommer à ces fonctions des protégés peu instruits, incapables de s'occuper d'affaires sérieuses où l'esprit aurait à jouer un rôle quelque peu actif.

Il y aurait pourtant avantage à toujours confier la place de Caissier à un bon employé qui pourrait utiliser l'énorme temps de reste que lui donne sa position — du moins ainsi en est-il dans les établissements industriels — à une besogne sérieuse, ce qui serait parfois de nature à épargner à la maison les frais d'un employé assez largement rétribué.

En somme, tout ce que l'on peut demander d'un Caissier, au point de vue strict de ses propres attributions, c'est de la probité, une certaine dextérité à manipuler l'argent, et de l'exactitude. Rien de plus.

Il y a exception pour les Caissiers de banque, auxquels un petit supplément d'aptitudes est nécessaire, aptitudes que l'on peut résumer en ces mots : bonne mémoire, coup d'œil juste pour reconnaître les fausses signatures, sang-froid et prévenance envers le public.

DU CHEF DU SERVICE COMMERCIAL ET DES PRÉPOSÉS A LA CORRESPONDANCE

Le Chef du service commercial est chargé de tout ce qui a rapport aux achats et aux ventes. Il a souvent dans ses attributions le service du contentieux.

Mais bien que le contentieux fût confié à un autre agent, il est indispensable qu'il ait de bonnes notions d'économie politique, de droit civil et de législation commerciale. En effet, il faut que le Chef du service commercial soit au courant de la manière de traiter les marchés, il faut qu'il sache soutenir une dicussion aussi bien que le ferait un avocat, c'est-à-dire apporter à l'appui de ses dires et affirmations, non des billevesées sans valeur, mais des arguments sérieux et, autant que possible, irrésistibles ; il doit être familiarisé avec les tarifs des chemins de fer et des douanes, avec, en général, tout ce qui touche aux transports, soit par eau, soit par route, soit par fer. Il doit de plus, point primordial, savoir écrire correctement sa langue.

Quant aux préposés à la correspondance, ce que l'on exige d'eux, c'est une belle écriture et l'art de savoir disposer leurs phrases avec méthode, sans jamais s'écarter des règles particulières à la correspondance commerciale. J'ai développé ces règles quelque part dans mon *Traité sur les Vérifications de comptabilité* et ai fait voir combien il est important de bien les observer. Mais, hélas ! que de personnes font emploi des outils de l'artiste sans posséder le talent de les manier.

Tous les renseignements dont ont besoin les correspondants pour faire les lettres, leur sont fournis, soit par le Chef du bureau commercial, soit par les Chefs de service de la partie technique, soit par le Comptable ou le Chef-comptable. Parfois, ils peuvent les puiser eux-mêmes à une source facile.

DU CHEF DE BUREAU DIVISIONNAIRE
ET DE SES COMMIS

J'ai dit précédemment que dans les sociétés qui comprennent diverses usines, et où les choses sont bien organisées, qu'il y avait des employés spéciaux, ayant à leur tête un Chef de bureau, attachés à chacune des sections.

Ces employés divisionnaires sont spécialement char-gés des écritures techniques, c'est-à-dire des écritures relatives à la fabrication ou à la production. En outre, ils vérifient les factures des fournisseurs et confectionnent celles des clients ; ils préparent le livre de quinzaine et paient les ouvriers, faisant ainsi l'office de sous-caissiers. La correspondance industrielle est aussi minutée dans les divisions, car nul mieux que le Chef du service technique n'est à même, la plupart des fois, de fixer les clients.

Selon le cas, le Chef de bureau divisionnaire doit avoir des connaissances élémentaires sur l'exploitation des mines, sur la fabrication de la fonte, du fer et de l'acier, sur la construction des machines, etc. Ces connaissances lui viennent en aide pour vérifier, approximativement, l'exactitude des éléments industriels qui entrent en ligne de compte pour la formation du prix de revient et qui lui sont fournis par les agents de la partie technique. Ceux-ci ne pourraient pas se tromper de grand chose dans leurs indications, sans que le Chef de bureau, s'il est bien au courant de son affaire, ne s'en aperçût.

Le *prix de revient* est un de ces documents dont la confection s'impose dans tout établissement commercial, et surtout dans tout établissement industriel, document sans lequel la plupart des maisons croûleraient dans les douze mois. C'est grâce à ce travail qu'on parvient à déterminer, mensuellement, le bénéfice ou la perte faite par l'établissement, sans que l'on ait, pour cela, à se livrer aux opérations de l'inventaire.

Beaucoup se contentent, à propos du prix de revient, de rechercher le prix général des produits et pensent, sans doute, retirer ainsi tout le fruit, tous les avantages qui découlent du travail de revient : c'est une colossale erreur de penser de la sorte. Il importe d'établir, avant le prix général, le 'prix de chaque nature de produit et de chaque qualité. Je prends, à titre d'exemple, un laminoir qui fabrique à peu près tout ce qui peut sortir d'une usine de ce genre.

L'on sait que la première transformation qu'y subissent les matières donne de l'*ébauché*; qu'ensuite vient la fabrication du *corroyé*; et puis, en troisième lieu, la fabrication des *produits finis*, tels que fers marchands (classes et numéros divers), poutrelles, rails et accessoires, tôles. Eh bien, il est de la plus grande utilité, du plus haut intérêt, que l'on établisse le prix coûtant de chacune de ces spécialités. De la sorte, le chef de la maison est fixé sur celles des dites spécialités qui rapportent davantage, sur celles qui donnent les meilleurs résultats, et il a sa ligne de conduite toute tracée pour l'exécution des réformes ou des améliorations qu'il y a si souvent lieu d'apporter dans les établissements industriels.

C'est principalement dans un atelier de construction que la subdivison du prix de revient prend de grandes proportions. Là, il n'est pas la moindre pièce d'une machine qui soit exempte de son revient séparé ; et ceux qui reculent devant l'exigence de cette complication, marchent, sans conteste, en aveugles.

Modifier ses moyens de fabrication, renouveler son matériel et organiser convenablement le service technique ne suffisent point : si l'on ne prend pas des mesures pour avoir des comptes exactement et minutieusement établis qui permettent de suivre, pas à pas, les moindres phases que l'on fait subir aux matières pour leurs diverses transformations, on n'arrivera jamais à réaliser toutes les économies possibles sur les divers mouvements d'une entreprise.

Cette affirmation défie toute objection.

DU CONTROLEUR GÉNÉRAL

La *Revue de la Comptabilité,* dans son n° 85 de cette année, signalait le vice résultant du manque de contrôle dans la comptabilité et formulait le vœu suivant :

« Il faut que les Comptables, lorsqu'ils se réuniront encore en congrès, s'imposent des lois, et qu'ils mettent leur orgueil ou leur satisfaction à établir ou introduire dans la maison où ils sont employés, un contrôle qui fonctionnerait contre eux-mêmes, entre les mains d'un chef, d'un collègue ou du patron......

« Importons le contrôle dans nos mœurs, nos usages, nos habitudes ; regardons-le avec bienveillance ; accueillons-le avec empressement, plutôt que de le repousser et le redouter. »

Voilà un vœu auquel souscriront toutes les consciences honnêtes et droites. Patrons et employés ont intérêt à ce qu'il se réalise le plus promptement possible. On le verra tout-à-l'heure.

Mais examinons d'abord ce que doit être le contrôle.

Le contrôle, pour être efficace, doit-être permanent et s'étendre jusque sur les moindres parties, sur les plus petits détails des opérations. Avec le système des parties doubles, on a bien à sa disposition certains moyens de contrôle dérivant de la dualité des opérations : ainsi l'équilibre, l'égalité entre les totaux du débit et du crédit de tous les comptes fait présumer que les écritures sont exactes ; mais ce n'est là qu'une présomption et non une preuve de la sincérité des opérations. Pour qu'un contrôle soit sérieux et sûr, il faut qu'il porte sur le fond même des opérations ; autrement, il est illusoire et n'est qu'une fiction. Le caissier, le magasinier, l'employé chargé du portefeuille, peuvent parfaitement tripoter avec les valeurs et les marchandises, le comptable peut se livrer à des abus nombreux, sans pour cela établir un défaut d'équilibre dans le jeu des écritures... Mais je rougis d'avoir à disserter sur des choses aussi élémentaires pour confondre certains auteurs, qui affirment que le contrôle résultant de la simple balance des écritures est suffisant pour déjouer la fraude. J'en dirais long sur ce sujet, et j'aurais réellement beau jeu si je voulais m'amuser à réfuter les assertions et les théories stupides de ces auteurs. Je me bornerai à renvoyer le lecteur à mon *Traité sur les vérifications de comptabilité,* où il trouvera, concernant les abus, des choses édifiantes et instructives.

Certains établissements de crédit présentent une organisation admirable au point de vue du contrôle. Il serait heureux qu'il en fût de même partout, et principalement dans les sociétés industrielles, où les abus sont faciles, surtout quand la division du travail y est mal entendue.

L'histoire des affaires, après tout, abonde trop en faits malhonnêtes pour que l'attention des Gérants et Administrateurs ne soit pas continuellement tenue en éveil sur les actes de leur personnel, quelle que soit d'ailleurs la confiance qu'ils manifestent en l'honnêteté de celui-ci.

Ah ! combien de maisons qui ont sombré auraient échappé à la ruine et évité le déshonneur des hommes placés à leur tête, si ces hommes avaient eu le bon esprit d'établir dans les bureaux un service *sérieux* de contrôle !

Eh quoi ! voilà, par exemple, un Gérant qui, par son travail, par ses talents, par ses vertus, avait su parvenir à une brillante position, qui était estimé à juste titre et avait gagné la considération générale, voilà cet honorable Gérant qui, à cause d'un défaut de prudence ou par crainte de froisser des susceptibilités étroites, ou encore pour avoir reculé devant les appointements à accorder à un bon Contrôleur, a brisé sa brillante carrière, a terni à tout jamais sa réputation !...

Conséquence terrible bien digne de fixer l'attention des intéressés.

AMELIORATION DE LA SITUATION MORALE ET MATERIELLE DU PERSONNEL

Parmi les problèmes les plus importants que soulève l'organisation actuelle de la société, figure celui relatif à l'amélioration de la condition morale et matérielle des classes laborieuses.

Mon intention n'est pas de traiter ici longuement cette question, qui a fait depuis longtemps, et qui fait encore tous les jours, l'objet de travaux importants de la part d'écrivains de mérite — mais d'indiquer brièvement quelques-uns des moyens qu'ont à leur disposition les Chefs d'établissements pour hâter la solution du problème, qui s'impose. Car, on le dissimulerait en vain : il se manifeste de plus en plus chez les populations travailleuses, une grande aspiration vers un degré plus élevé de liberté, de dignité et de bien-être, aspiration dont on ne contestera pas la légitimité, pas plus que son droit à l'approbation de tous les esprits éclairés et généreux.

Les premiers de ces moyens, ou plutôt les premiers à mettre en œuvre, sont, selon moi, ceux relatifs à l'amélioration de la situation matérielle des individus.

On commencera donc par fonder coopérativement des Magasins de consommation, lesquels permettent de vivre dans d'avantageuses conditions économiques. Ces Magasins fournissent toutes les choses usuelles qui entrent dans les besoins du ménage et font profiter les consommateurs du bénéfice, souvent énorme, que prélève le négociant sur la vente de ses marchandises.

On créera ensuite des Caisses de secours mutuels, qui mettent les affiliés à l'abri de la misère en cas de maladie ou d'accident.

On créera aussi des Caisses de retraite et des Caisses d'épargne populaires, lesquelles assurent un capital ou une rente viagère pour les vieux jours.

Voilà pour le côté matériel de la question. Se présente maintenant le côté intellectuel et moral.

Dans le but d'y pourvoir, on établira des écoles du soir pour les adultes et des écoles de jour pour les enfants ; on fondera une bibliothèque et un Cercle de conférences populaires ; on constituera des sociétés d'agrément, telles que de musique, chorale, dramatique : toutes institutions de nature donc à moraliser le personnel, à élever son niveau intellectuel et à donner à ses mœurs et à ses habitudes un cachet de douceur et de politesse ; sans compter qu'elles servent à soulever l'apathie qu'une longue habitude de souffrances et de misère a rendue naturellement à une grande partie de la population ouvrière.

A un autre point de vue, on reconnaîtra que ces diverses institutions constituent en quelque sorte le complément des ressources propres à assurer l'unification du personnel dans le sentier de la concorde et de la fraternité. Et cette considération, pour n'avoir pas son importance dans l'ordre des choses qui font l'objet de ce chapitre, n'en est pas moins digne de l'attention et de la sollicitude particulières des Chefs de maisons.

APPENDICE

RAPPORTS DES CHEFS
AVEC LES
EMPLOYÉS SUBALTERNES

Sous ce titre parut dans les n°s 1 et 3 du *Journal de Châtelet* (1) l'article qu'on va lire, article trop approprié au sujet du présent livre pour que je ne profite pas de l'occasion de le rééditer.

Le voici dans sa teneur :

Il est quelquefois curieux de connaître la position des employés subalternes dans les bureaux et le degré de considération dont ils jouissent vis-à-vis de leurs supérieurs.

Jusqu'ici, aucune plume, que nous sachions, n'a encore entrepris de l'apprécier publiquement. Cependant les administrateurs des sociétés ont intérêt, ainsi que l'opinion publique, que l'on promène le flambeau de la vérité dans ces régions intimes. Nous allons essayer de le faire.

Comme la somme du bien l'emporte infiniment sur celle du mal, notre tâche sera rendue plus douce et

---

(1). Publication hebdomadaire que je fondai au mois d'octobre 1879, et que je dirigeai pendant quelque temps. — Dans le programme inséré en tête de son premier numéro, se trouvait la déclaration suivante: « Le *Journal de Châtelet* se constitue l'organe de la classe laborieuse des employés de toutes hiérarchies. A ce titre, il sera une espèce de tribune où seront reçues et exposées les plaintes et les réclamations de ces fonctionnaires, lorsque nous les trouverons fondées. De notre côté, nous prendrons l'initiative d'études et de travaux propres à amener une amélioration dans le sort de ces travailleurs. »

nous nous consolerons d'avoir de tristes vérités à dire, en songeant qu'elles sont provoquées par des exceptions qui tendent à se faire rares et qu'un jour viendra, où les classes inférieures seront mieux appréciées, et, partant, traitées avec plus d'égards et de dignité (1).

On est généralement trop enclin à juger de la valeur d'un employé d'après la place qu'il occupe. Dans la faveur, c'est un homme de haute capacité ; dans la disgrâce, c'est un zéro ! Ce n'est point du tout cela. Les instruments les plus méritoires d'une administration sont quelquefois ces employés laborieux qui passent modestement et ne parlent pas haut : hommes de talent et de pratique, ils concourrent au grand mouvement des affaires avec autant d'activité que de modestie. Tandis qu'au contraire ne voit-on pas parmi cette catégorie d'employés brillants et bruyants, une foule de médiocrités qui ne doivent qu'au favoritisme leur belle position ?

Mais n'anticipons pas sur un sujet que nous aurons à traiter ultérieurement ; bornons-nous aujourd'hui à constater les égards qu'ont les chefs pour leurs subordonnés.

Nous commencerons par l'accomplissement d'un devoir bien doux à notre cœur. Nous avons à rendre un éclatant hommage à la justice des procédés que certains chefs emploient à l'endroit de leurs sous-ordres. Il est consolant d'avoir à signaler qu'il y a du moins des chefs qui ont pris à cœur de soutenir, d'encourager les employés au milieu des efforts incessants auxquels

---

(1) C'est le jour où l'on prendra la bonne et ferme résolution de ne plus admettre aux emplois les non-valeurs.

ils se livrent pour surmonter les difficultés d'une position aussi précaire que la leur. Et ils n'ont rien à perdre ces chefs, car ils acquièrent ainsi une réputation bien méritée de bienveillance et de bonté, et ils font, partout où ils passent, la consolation et le bonheur des sujets ; leur nom se répercute comme un écho dans tous les cœurs et est béni de tout le monde.

Sans pourtant se départir d'une juste sévérité, ces chefs savent concilier l'accomplissement de leurs devoirs avec les égards, l'intérêt, la sympathie qu'inspirent les subalternes, ces humbles travailleurs à qui est échue en partage la part la plus lourde du fardeau bureaucratique.

Pour ces gens de cœur, l'employé n'est pas une créature à vilipender, mais un homme qui a sa dignité, qui est père ou soutien de famille, qui a droit, pour lui et pour les siens, à une place au soleil, à une place dans la société, si petite et si modeste qu'elle puisse être. En traitant les subalternes avec dignité, ces chefs savent qu'ils les relèvent à leurs propres yeux et qu'ils les amènent par là à accomplir leur devoir avec amour et dévouement.

Si, par de mauvais traitements, par des tracasseries mesquines, par des procédés humiliants, vous jetez le découragement dans l'âme de l'employé, si vous faites naître en son cœur l'amer mécontentement, si vous l'étreignez dans les limites étroites de l'égoïsme et de l'obéissance passive, que pouvez-vous attendre d'un tel serviteur ?

Si, à cet homme qui a à lutter constamment contre des besoins de mille espèces, vous n'élargissez pas l'horizon de l'avenir en lui donnant l'espoir assuré de la récompense au bout du dévouement, si, par de bons conseils, des encouragements bienveillants, vous ne l'aidez, vous ne le soutenez dans les efforts physiques et intellectuels qu'il fait pour arriver à une position meilleure, vous aurez un employé-machine ayant le cœur ulcéré par ses misères, s'abrutissant en raison de son impuissance et haïssant par réaction et ses chefs et son service.

Honneur donc aux chefs intelligents et pleins de sollicitude qui cherchent d'abord par un stimulant moral, l'amélioration du sort des employés !

Honneur aux chefs qui cherchent, en élevant la pensée, en excitant le zèle, en faisant briller à l'horizon la récompense du travail et de l'intelligence, en montrant du doigt la conquête d'un avenir meilleur, qui cherchent, dis-je, par tout cela, à pousser le travailleur dans une voie qui doit nécessairement aboutir pour lui au bien-être moral et physique !...

Maintenant, à côté de ces hommes qui sont l'honneur des sociétés, vient malheureusement se placer une autre catégorie de fonctionnaires supérieurs qui, poussés par de mauvais instincts et des prétentions effrénées, semblent avoir pour mission de jeter la désolation dans les familles et le malheur dans les destinées.

Jouissant d'un traitement fort élevé, ces supérieurs ignorent ou ne se rappellent plus les mauvais jours de la nécessité, du besoin, et n'ont pas même une idée de cette existence d'esclaves que subissent les employés, pour qui les nuits servent moins de repos que les jours.

Non ! ces hommes ne pensent point à tout cela ou s'en moquent : pour eux, les inférieurs sont une valetaille, un vil troupeau de cerfs qu'il faut frapper d'estoc et de taille ; ne sont-ils pas faits et payés pour cela ? De cette façon, ils font du bruit autour de leur nom, ils se produisent et paraissent de zélés gardiens de l'ordre, de l'économie, voire même de la discipline.

Incapables d'aucun dévouement, d'aucun sentiment généreux, ces tyrans au petit pied ne comprennent ni la position des employés, ni les sentiments de l'administration, ni leur mandat.

Non, ils ne comprennent pas que le désir des administrations n'est pas d'écraser sans retour le travailleur, mais de mitiger sa position par des procédés affables et encourageants.

Si quelqu'un se distingue par son travail, son application, ses aptitudes, c'est lui qui sera peut-être le premier en butte aux tracasseries mesquines et honteuses. On fera tout pour empêcher ses avancements, un beau matin même, on trouvera un prétexte quelconque pour le démettre de ses fonctions, qu'il remplissait cependant avec un zèle sans pareil.

Puis, l'auteur de cet acte arbitraire et odieux se permettra encore de faire entendre des consolations à ce malheureux ! Mais, nous le demandons, y a-t-il rien de plus amer pour l'employé qui souffre, que d'entendre parler de consolation par celui-là même qui vient lui fermer la source de toutes ses consolations ! Qu'importe si cet employé, au caractère et à la conduite modèles, est estimé de tous ; non, il faut, ô cruel ! le frapper sans pitié, sans remords ! il faut le briser comme verre, car plus la victime est précieuse, plus la jouissance est grande ! ! ! Eh bien, ô bourreau, réjouis-toi, car avec ta victime, tu as frappé une pauvre femme, tu as frappé de petits enfants, tu as frappé toute une famille dans ses ressources et dans son avenir ! Elle qui, hier encore, était au seuil d'une position meilleure, douce récompense d'une pénible carrière, et qui, aujourd'hui, n'ose plus regarder l'avenir qu'à travers ses pleurs et son désespoir !!!

Oh ! qu'il est digne, qu'il est noble de satisfaire ainsi tes instincts cruels sous l'égide d'une autorité qui t'est confiée pour faire la justice et le bien !

Ah ! on devrait clouer au pilori de l'opinion publique le nom et les actes de ces hommes sans cœur et sans entrailles, on devrait dire leurs nombreuses victimes et les excès de leur méchanceté ; on devrait user contre eux de l'arme des faibles, la *publicité*, qui est là pour fustiger comme il le mérite tout individu qui se sert de son pouvoir pour faire le mal avec impunité.

Alors, peut-être, ils comprendraient que pour le fonctionnaire, comme pour tout le monde, il n'y a qu'un seul chemin honorable à suivre, c'est celui qui conduit à la possession de l'estime de tous ; qu'il n'y a qu'une seule et vraie gloire à acquérir, qu'une seule satisfaction intime à obtenir, c'est celle d'avoir fait le bien là où il a été possible de le faire, de ne pas recéler dans son passé toute une série de victimes qui vous maudissent, d'avoir forcé les cœurs à la reconnaissance et d'entendre enfin bénir son nom partout !

Valenciennes. — Imprimerie G. GIARD & SEULIN, rue de Hesques, 1.